LES DITS DE Noël

Yvonne de Sike

Les dits de Noël

HAZAN

Sommaire

Les Trois Rois mages, Épiphanie, XIXe *siècle.*

Peinture sous verre. Coll. privée, Slovénie.

L'APPRIVOISEMENT DU TEMPS

Amarrée au système solaire depuis des milliers de millions d'années, la planète Terre, notre vaisseau spatial, poursuit sa course vers l'infini. Elle tourne inlassablement autour de son axe, d'ouest en est, en exposant successivement une partie différente au Soleil, l'étoile qui constitue notre source de lumière et de vie. Cette rotation, qui s'accomplit en 23 heures, 56 minutes et 4 secondes, provoque la succession du jour et de la nuit et donne l'impression d'un déplacement diurne du Soleil, de l'est, où il se lève, vers l'ouest, où il se couche. En même temps, la Terre décrit une révolution autour du Soleil en 365 jours, 5 heures, 148 minutes et 14 secondes. L'axe de rotation de la Terre, cette ligne imaginaire qui relie les pôles Nord et Sud et vise l'étoile Polaire, est incliné de 23,5°. Par conséquent, les deux hémisphères se présentent l'un après l'autre face au Soleil ; cette alternance conditionne les saisons et fut à l'origine de la répartition des rites et des fêtes.

G. *de Vecchi et* R. *da Regio*, Zodiaque et constellations, XVe *siècle. Fresque.* Palais Farnèse, Italie.

Les premières tentatives pour mesurer le temps ont été associées, depuis la plus haute Antiquité, aux lunaisons. L'avènement de la nouvelle lune, entouré de multiples croyances, fut l'occasion, partout dans le monde, d'émerveillement, de prières et de réjouissances.
Mais, le temps nécessaire à ce satellite de la Terre pour décrire une révolution complète correspond à 29,53059 jours. Or, le calendrier des douze mois lunaires est de 11 jours environ plus court que celui de l'année solaire.

H. Kraemer Hrg, Ciel étoilé, à l'opposé de l'Équateur, *d'après un tableau de* W. Kranz, 1905.

Cette troublante inadéquation a stimulé la réflexion mathématique et l'astronomie. Les Babyloniens, qui se sont obstinés à utiliser le calendrier lunaire, ont fini par établir, vers 432 av. J.-C., l'usage de mois intercalaires que l'on ajoutait tous les 19 ans, selon un principe alors établi par l'astronome Méton. C'est, encore aujourd'hui, à quelques différences près, le calendrier rituel des Juifs et des Musulmans.

Les Égyptiens se sont affranchis de la facilité trompeuse du mois lunaire, choisissant un autre repère pour fixer l'année : ils ont observé qu'une fois par an, Sirius, l'étoile la plus brillante de l'hémisphère Nord, se levait en même temps que le Soleil. Ce lever « héliaque », qui se produisait au milieu de la saison des crues du Nil, au moment de la canicule, devint le début de l'année égyptienne et l'occasion de rites cosmogoniques. Cette année qui durait 365 jours – plus courte de six heures par rapport à l'année solaire – fut adoptée par Jules César qui établit, en 46 av. J.-C., un nouveau calendrier dit julien, de 365 jours et 6 heures. Il fut obligé de conserver le 1er janvier, déjà en vigueur chez les Romains depuis 153 av. J.-C.

Le calendrier julien devait survivre pendant de longs siècles en Europe. Il était encore utilisé par Copernic au XVIe siècle. Mais son imprécision quant à la durée de l'année – de 11 minutes plus longue, cette fois, que l'année solaire – lui a fait perdre sa correspondance avec les solstices et les équinoxes. Ainsi, dans la deuxième moitié du XVIe siècle, l'équinoxe du printemps, date essentielle pour la fixation de Pâques, correspondait au 11 mars. La nécessité d'une réforme se fit alors pressante. C'est le pape Grégoire XIII qui la mit en place. Il décréta, en 1582, que le 4 octobre serait directement suivi du 15, afin de compenser le décalage de douze jours, qui s'était installé. Depuis, grâce à des calculs exacts, ce calendrier grégorien ne dérive plus par rapport à l'année solaire. Cette réforme pontificale ne fut pas unanimement adoptée. Comme l'innovation venait de Rome, l'Angleterre et les colonies d'Amérique n'y adhérèrent pas avant 1752. L'Église orthodoxe, soucieuse d'éviter tout assujettissement au pape, calcule toujours la date de Pâques selon le calendrier julien, tandis que quelques communautés traditionalistes continuent à fêter Noël et l'Épiphanie suivant l'ancien comput, avec un décalage de douze jours.

Manuscrit de Tübinger, schéma du paranatellonta, avec des éléments de la sphère de Michael Scotus, XVe *siècle*.

La christianisation du temps par Denys le Petit

Jusqu'au VIe siècle de notre ère, on datait les années *ab urbe condita*, à partir de la fondation de Rome. Les Grecs utilisaient comme date initiale l'instauration des Jeux olympiques, les Juifs, la date de la création biblique du monde... Convaincu que cette façon de dater était peu propice à la fidélisation des nouveaux convertis, le pape Jean Ier demanda au moine *Dionysius Exiguus*, dit Denys le Petit, d'organiser une chronologie chrétienne de l'histoire de l'humanité, fondée sur un événement majeur de la nouvelle foi : la naissance du Christ. Après de multiples calculs, le savant fixa la Nativité au 25 décembre 753 *a.u.c.* (*ab urbe condita*). Puis, il plaça le démarrage de l'ère chrétienne au 1er janvier 754 *a.u.c.*, jour du nouvel an romain, soit en 532 de notre ère, ce qui correspondait à la célébration de la circoncision de l'enfant Jésus.

Mais Denys plaça la Nativité quatre ans après la mort du roi Hérode, ce qui contredisait le récit des *Évangiles*. Si la date de la Nativité reste toujours imprécise, celle de la mort d'Hérode est connue : 750 *a.u.c.* soit l'an 4 avant notre ère. Selon les *Évangiles* de Luc et de Matthieu, la tradition veut que Jésus et Hérode aient coexisté : condition *sine qua non* pour que le massacre des Innocents ait eu lieu après le retour des Mages dans leurs pays, tout comme la fuite en Égypte de la Sainte Famille !

La stella nova et l'ère des Poissons

Déjà en 1606, Kepler, dans *De Stella nova*, considère l'étoile de Bethléem comme l'effet d'une conjonction des planètes Mars, Jupiter, et Saturne en Poissons. Alignées par rapport à la Terre, le 7 mars de l'an 7 av. J.-C., elles donnaient l'impression d'un astre énorme : « Les grands hommes naissent lors de telles conjonctions »,

remarque alors Kepler. D'autres savants ont avancé les dates de l'an 12 av. J.-C., correspondant à un passage de la comète Halley, l'an 11 av. J.-C. ou encore l'an 4 av. J.-C., date de l'embrasement de la Nova du Capricorne. Depuis la Renaissance, les astrologues ont cherché à établir la carte astrale de Jésus, faisant coïncider le début de l'Ère des Poissons et la Nativité. Selon les calculs astronomiques babyloniens, une conjonction exceptionnelle de plusieurs planètes avec la Lune et le Soleil s'est produite entre février et mars de l'an 6 av. J.-C. Ce phénomène pourrait bien correspondre à l'Étoile biblique. Quant au recensement ayant provoqué le déplacement de Joseph et de Marie, il aurait eu lieu en l'an 6 av. J.-C. – aux alentours de Pâques –, provoquant le fameux encombrement de certaines auberges…

H. *Vorgtherr l'Ancien*, Deux Astronomes observant le ciel étoilé, 1545. *Gravure sur bois.*

Decembre a xxxi iour
Et la lune xxx
aint eloy
aint flaui
aint claudien
aint ambroise
aint barbe
aint nicholas
aint faur
ostre dame
aint eulalie
aint fuscien
aint valerien
aint amien
aint nichaise
aint cyprien
aint maxime

Pourquoi fêtons-nous Noël le 25 décembre ?

Aux premiers siècles du christianisme, l'Église primitive, prêtant peu attention à la naissance de Jésus, fêtait surtout Pâques, en souvenir de sa Résurrection, preuve de rédemption. Clément d'Alexandrie, vers 200 ap. J.-C., se moquait ouvertement de ceux qui tâchaient de calculer une date historique fiable pour l'événement ; on retenait, à l'époque, le 19 avril ou le 20 mai. Vers 243 ap. J.-C., l'évêque et martyr Cyprien, soutenait que, conformément à une approche mystique et symbolique, la date la plus propice serait le 28 mars. La création du monde, avec la séparation de la lumière de l'obscurité, semblait correspondre à l'équinoxe du printemps, le 25 mars ; comme Dieu avait créé le Soleil et la Lune le quatrième jour, le Christ, Soleil de la Justice, était logiquement né le 28 mars...

Même si ces calculs nous semblent fantaisistes, ils révèlent le souci des premiers Pères de l'Église d'identifier Jésus aux anciennes divinités solaires. Sur les bas-reliefs des sarco-

Calendrier d'un Livre d'Heures, mois de décembre, xve *siècle. Enluminure. Musée du Moyen-Âge, Cluny.*

phages, les peintures et les mosaïques des premiers temps chrétiens, on retrouve souvent la représentation du Soleil et de la Lune près du crucifix, pour énoncer la nature divine (solaire) et humaine (lunaire) de Jésus, ce Soleil de Vie, Principe immuable de salut pour l'éternité.

Mais, vers les années 330, avec l'officialisation de la nouvelle religion par Constantin le Grand, les Églises latines décidèrent d'instituer une fête particulière pour célébrer la naissance de Jésus « dans la chair » et, après maintes hésitations, ils la fixèrent le 25 décembre, sans aucun apport testamentaire. L'opinion commune voit dans le choix de cette date la volonté de faire correspondre la Nativité avec d'autres commémorations très populaires dans l'Empire : une grande fête en l'honneur du *Sol invictus*, le Soleil triomphant, avait lieu au solstice d'hiver et, à cette même date, on célébrait la naissance de Mithra, divinité solaire d'origine perse, très appréciée par les légionnaires et dont l'empereur était l'incarnation depuis le règne d'Aurélien, en 275 ap. J.-C. Par ailleurs, les jours précédant le solstice, du 18 au 22 décembre, la population romaine s'adonnait aux réjouissances, aux déguisements et aux pantomimes rituels pour honorer Saturne, dieu des semences (*satus* signifie semence), avatar de Chronos, le vieux maître du temps. Une semaine plus tard, le premier jour des calendes de janvier était dédié à Janus, dieu aux deux visages, roi mythique de Rome. La fête symbolisait alors le passage d'une année à l'autre et, pour l'occasion, on décorait les maisons de lierre, de branches de pin, de laurier, d'olivier, en gage de bonheur. Des cadeaux – poupées et masques en terre cuite – s'échangeaient en famille et tous s'adressaient des chants souhaitant une bonne santé et l'accomplissement des vœux les plus chers.

Les Églises orientales considéraient comme date-clé du christianisme le baptême de Jésus, officié par Jean-Baptiste dans les eaux du Jourdain. Cette *Théophanie*, apparition divine, qui marquait la première manifestation de la Trinité et la

reconnaissance de la filiation divine de Jésus, sa « naissance divine », avait eu lieu, selon elles, un 6 janvier. À partir du IIe siècle, les Chrétiens de l'Orient, confrontés au choix d'une date pour la Nativité, ont, eux aussi, préféré celle du 6 janvier, qui avait l'avantage de correspondre déjà à la naissance d'autres dieux, originaires du bassin oriental de la Méditerranée : Tammuz d'abord, ce dieu assyrien pastoral et solaire, vieux de trois millénaires, était né à cette date ; Dionysos-Soleil ensuite, assassiné par les Titans, renaissait, tous les ans, le 6 janvier. Devenu ensuite le dieu de la vigne et du vin, breuvage sacré d'ivresse divine, il fut considéré, comme Orphée, comme un précurseur du Sauveur. Dans la nuit du 5 au 6 janvier, l'Égypte fêtait l'anniversaire de Aion, le dieu Soleil, né de Korê, la Vierge. On veillait alors en entonnant des chants et des hymnes au son des flûtes ; à l'aube, avec le premier chant du coq, on descendait dans une grotte souterraine, pour honorer le divin enfant en langes « parce qu'en ce jour, le plus court, le soleil ressemble en quelque sorte à un petit enfant… », comme en témoigne Macrobe.

Maître E[illegible]ut, Le Bréviaire d'Amour, Janvier, Janus, *folio 57 v°, XIIIe-XIVe siècle. Miniature. Bibl. Real, Escurial.*

Double-page suivante : *Cornelius Lucas,* Les mois Lucas, Janvier, *détail. Tapisserie des Gobelins, en soie. Château de Pau, France.*

Les Chrétiens célébraient alors à cette date à la fois l'incarnation de Jésus, le véritable Soleil, né, lui, de la Vierge dans une grotte à Bethléem, en même temps que son baptême, l'arrivée des Mages et les noces de Cana – où il transforma l'eau en vin. De cette façon, en Orient, on célébrait quatre épiphanies de Jésus, quatre manifestations de sa vraie nature et de ses pouvoirs. Quant à la grotte de Bethléem, elle aurait déjà eu, au temps des Babyloniens, un premier occupant illustre : le jeune dieu Tammuz, l'ancêtre de Gilgamesh ! Selon les traditions gnostiques, la plupart des divinités solaires étaient nées d'immaculées conceptions, de vierges célestes. Plusieurs d'entre eux avaient enduré une passion, suivie d'une mort et d'une descente aux Enfers, pour ressusciter ensuite. Outre Tammuz et Mithra, Attis, le dieu Phrygien, serait lui aussi né d'une vierge, le 25 décembre… Krishna, Bouddha et même Mahomet, selon diverses traditions, auraient vu le jour à la date solsticiale.

Art romain-Haut Empire, relief mithriaque avec les signes du zodiaque. *Galleria e Museo Estense, Modène.*

* * *

C'est Jean Chrysostome, habile orateur de l'Église d'Orient, qui est parvenu à faire adopter définitivement la date du 25 décembre par l'ensemble des Chrétiens. Le concile d'Agde, en 506, en fit une obligation et l'empereur Justinien, en 529, déclara la Nativité jour chômé. Les différents peuples d'Europe, christianisés par la suite, ont adopté la fête de Noël, fixée le 25 décembre : saint Patrick l'imposa, en 461, en Irlande, saint Augustin de Canterbury l'introduisit, en 604, en Angleterre, saint Colomban en Suisse, en 615 et saint Boniface, vers 754, en Allemagne. Au cours du IXe siècle, saint Ansgar évangélisa les Scandinaves et instaura cette fête parmi eux, tandis que Cyril et Méthode introduisaient l'orthodoxie dans les pays slaves en même temps que l'écriture. Juste avant l'an 1000, saint Adalbert christianisa les Magyars et instaura la fête de Noël en Hongrie. La date du 25 décembre, qui correspondait à des festivités anciennes issues de leurs propres mythologies, fut facilement adoptée par ces nouveaux adeptes du christianisme : les Anglo-Saxons honoraient, aux alentours du solstice, le voyage céleste du dieu Wotan, qui transportait vers l'au-delà les soldats et les autres morts de l'année écoulée ; la tradition de ce triste cortège des morts – comme, d'ailleurs, celle des danses macabres, typiques de l'époque médiévale – est encore vivante en Europe, au travers des célébrations de la *Mesnie Hellequin*. La Nativité, son message de paix et de lumière, touchaient profondément les Germains qui, par peur des fantômes errant à cette saison, avaient instauré les « douze nuits sauvages », variante de douze jours entre Noël et l'Épiphanie. On suppose que ces douze jours – que tous les chrétiens fêtent toujours avec grande densité rituelle, fastes, illuminations et exubérance – correspondraient au décalage entre douze mois solaires et douze mois lunaires. Nous conservons ainsi le souvenir des deux calendriers lunaire et solaire, et de leur fusion.

Art *Wiking*, prêtre du culte d'Odin, *v.* 800. *Bronze. Statens Historika Museum, Stockholm.*

* * *

Le solstice d'hiver était l'occasion d'énormes beuveries nocturnes chez tous les peuples nordiques qui aspiraient à la « renaissance » du soleil et la fin des glaciations hivernales. Odin, dieu pivot de la mythologie nordique, venait alors au secours des hommes en détresse. Représenté comme un vieillard bienveillant, il luttait contre les démons et le froid : sous l'appellation Ullr ou Yule, il était vénéré devant l'âtre où flamboyaient des bûches de sapins. Il visitait tous les fidèles avec un traîneau tiré par des rennes ou des cygnes.

La Nativité

Témoignages à travers les siècles

Évangiles
et Protévangile

Nativités

Mages

Bergers

Les grandes religions, comme les grandes civilisations, sont souvent le fruit d'un « métissage » heureux de plusieurs cultures. Le christianisme, forgé dans une aire riche en traditions et en systèmes philosophiques, a intégré, dès le départ, des éléments égyptiens, juifs, zoroastriens, grecs et romains mais aussi, par la suite, celtes, germaniques ou slaves. C'est justement dans cette capacité à résorber les influences et à fournir des nouveaux modèles de créativité à l'imaginaire que réside la singularité du christianisme et son universalisme. Noël est certainement l'exemple le plus frappant de ce syncrétisme salutaire : la fête n'a presque rien perdu, de nos jours, de son prestige millénaire. Le mystère du Dieu fait homme n'est pas uniquement un concept de spéculation théologique. Dans cette image archétypique s'ancre la nostalgie de tous les peuples pour le « paradis » des origines, réside l'intuition humaine d'un renouveau du fond des ténèbres. Lumières, joie, festins, prodigalité accompagnent toujours l'annonce de la Nativité, en accord avec les phénomènes cosmiques, en dialogue avec les cultes solaires, chers aux hommes, depuis les temps les plus lointains.

Page précédente : *Le Maître du Missel de Berthold,* Le Voyage des Mages, *ms* 710, *fol.* 19 v°, XIIIe *siècle. Miniature sur fond d'or. Pierpont Morgan Library, New York.*

La Naissance du Christ, VIe *siècle. Relief de marbre. Musée byzantin, Athènes.*

Deux des évangélistes, Marc et Jean, ne semblent pas se soucier des conditions de la naissance de Jésus. Ils commencent leur récit avec son baptême dans le Jourdain ; Marc mentionne que Jésus était originaire de Nazareth, en Galilée, où vivaient toujours sa mère, ses frères et sœurs. Jean, à son tour, confirme, lors de son récit du recrutement des Apôtres, que le Messie était le fils de Joseph, de Nazareth. Mais, cette origine galiléenne, qu'on lui conférait encore au IVe siècle, fut par la suite occultée, pour faire coïncider la naissance de Jésus avec les prophéties anciennes qui annonçaient la naissance d'un Messie issu de la « race » de David.

Cette inéquation fut résolue par les *Évangiles* attribués à Luc et Matthieu, qui firent naître l'Enfant divin à Bethléem, à cause du recensement imposé par les Romains, et lui attribuèrent une généalogie illustre. La critique testamentaire admet volontiers que ces prologues sur la Nativité et l'enfance de Jésus furent ajoutés ultérieurement lorsque les Églises de l'Orient se sentirent obligées de convertir à la nouvelle foi les Juifs répandus autour de la Méditerranée jusqu'aux confins asiatiques et africains de l'Empire romain.

Gofridus, L'Épiphanie, *chapiteaux du chœur de l'église Saint-Pierre, Chauvigny,* XIIe *siècle.*

Les évangiles « apocryphes », évincés arbitrairement du canon vers la fin du IVe siècle, selon le témoignage d'Athanase d'Alexandrie, vont beaucoup plus loin. Ils évoquent maints détails sur la vie du Christ, qui imprègnent la religiosité des premiers siècles. La « pincée d'informations » qu'ils distillent procure des détails pittoresques sur la Nativité : on y découvre la grotte, le bœuf et l'âne, la présence de sages-femmes, la couronne des mages, etc. ; de même, un ensemble de personnes sortent de l'anonymat évangélique. Les *Apocryphes* fournissent aussi l'essentiel des détails connus sur Marie : son enfance, sa vie entre Joachim et Anne, la présentation au temple, sa virginité perpétuelle... La prose féconde des *Apocryphes*, qui foisonne de détails attendrissants, a largement influencé l'imaginaire des artistes du Moyen-Âge et de la Renaissance : sculptures, fresques, vitraux, littérature mystique ou profane en témoignent. On retrouve leur esprit, la brièveté du discours, la force des images juxtaposées et la piété naïve dans les « mystères », les pastorales et les autres représentations théâtrales qui ont servi, pendant des siècles, d'illustrations aux textes sacrés, auprès d'un public analphabète dans sa majorité.
Le « *Protévangile* » de Jacques, attribué à l'apôtre Jacques le Mineur – frère de Jésus, selon l'évangile, ou demi-frère, selon la narration de l'auteur – fournit les éléments qui précèdent la naissance de Jésus : la visite à Élisabeth, mère de Jean-Baptiste, le retour de Joseph des chantiers et la découverte de la grossesse « inattendue » de la Vierge, les doutes du fiancé et la confirmation de l'innocence de Marie...
La révélation de Jacques se termine avec la mort d'Hérode, et son retrait dans le désert afin de s'épargner les troubles qui éclatèrent. L'*Histoire de Joseph le charpentier* est le titre d'un autre texte apocryphe conservé en deux versions coptes et une arabe ; il évoque l'ascendance de Jésus « dans la chair », sa naissance et une multitude de détails sur son enfance, largement inspirés du texte de Jacques. Dans sa deuxième partie, où sont décrites la maladie et la mort de Joseph, est attesté, pour la première fois, le culte rendu au père « charnel » de Jésus par les moines coptes, suivant les anciens rites du culte d'Osiris.

Après la fin des croisades et le déclin des royaumes latins de l'Orient, de nouveaux thèmes s'introduisent dans la tradition de la Nativité. Les Églises de l'Orient avaient instauré une correspondance entre Noël et la création du monde et avaient donné à nos ancêtres bibliques, Adam et Ève, le statut de « saints ». Ils étaient célébrés la veille de Noël, comme un trait d'union entre la création de l'homme et sa rédemption. Ce culte devint très populaire en Occident. Plusieurs cathédrales réservent dans leurs frontons une place d'honneur à nos parents mythiques, Adam et Ève, qui, dans leur nudité « culpabilisante », encadrent l'arbre fatal de la Bible. Par ailleurs, Jacques de Voragine, au XIIIe siècle, avec son hagiographie fabuleuse, *La Légende dorée*, introduisit en Occident le culte de saint Nicolas, qui deviendra, avec le temps, un personnage important du culte populaire de la Nativité.

Erasmus Grasser, La Naissance du Christ, 1480. *Relief en bois peint. Musée National Bavarois, Munich.*

En ces jours-là

Simone da Siena, Naissance du Christ, 1380-1420. *Recueil de chants. Santa Croce, Florence.*

Double page suivante : *Andrea Mantegna,* L'Adoration des Mages, 1464. *Détrempe sur bois. Galerie des Offices, Florence.*

fut publié un édit de César Auguste, pour le recensement de toute la terre. Ce premier recensement eut lieu pendant que Quirinus commandait la Syrie. Et tous allaient se faire recenser, chacun dans sa ville. Joseph monta de Galilée, de la ville de Nazareth, en Judée, à la ville de David, appelée Bethléem, parce qu'il était de la maison et de la famille de David, pour être recensé avec Marie son épouse qui était enceinte.

Or, pendant qu'il était en ce lieu, le temps où elle devait enfanter s'accomplit. Et elle mit au monde son fils premier-né, l'enveloppa de langes et le coucha dans une crèche, parce qu'il n'y avait pas de place pour eux dans l'hôtellerie.

Il y avait aux environs des bergers qui passaient la nuit aux champs, veillant à la garde de leur troupeau. Tout à coup un ange du Seigneur parut auprès d'eux et le rayonnement de la gloire du Seigneur les environna, et ils furent saisis d'une grande crainte. Mais l'ange leur dit : « Ne craignez point, car je vous annonce une nouvelle qui sera pour tout le peuple une grande joie. Il vous est né aujourd'hui, dans la ville de David, un Sauveur, qui est le Christ Seigneur. Et voici ce qui vous servira de signe : vous trouverez un nouveau-né enveloppé de langes et couché dans une crèche. » Au même instant, se joignit à l'ange une troupe de milice céleste, louant Dieu et disant : « Gloire dans les hauteurs, à Dieu ! Et paix sur la terre, paix, bienveillance pour les hommes ! »

Lorsque les anges, remontant au ciel, les eurent quittés, les bergers se dirent les uns aux autres : « Passons jusqu'à Bethléem, et voyons cet événement qui est arrivé, et que le Seigneur nous a fait savoir. » Ils s'y rendirent en toute hâte, et trouvèrent Marie, Joseph, et le nouveau-né couché dans la crèche. Après l'avoir vu, ils publièrent la révélation qui leur avait été faite au sujet de cet Enfant. Et tous ceux qui les entendirent furent dans l'admiration de ce que leur disaient les bergers. Or Marie conservait avec soin toutes ces choses, les méditant dans son cœur. Et les bergers s'en retournèrent, glorifiant et louant Dieu de tout ce qui leur avait été annoncé.

ÉVANGILE SELON SAINT LUC, II, 1-20.

OR la naissance du Christ arriva ainsi. Marie, sa mère, étant fiancée à Joseph, il se trouva, avant qu'ils eussent habité ensemble, qu'elle avait conçu par la vertu du Saint-Esprit. Joseph, son mari, qui était un homme juste, ne voulant pas la diffamer, résolut de la renvoyer secrètement. Comme il était dans cette pensée, voici qu'un Ange du Seigneur lui apparut en songe, et lui dit : « JOSEPH, fils de David, ne crains point de prendre avec toi Marie ton épouse, car ce qui est formé en elle est l'ouvrage du Saint-Esprit. Et elle enfantera un fils, et tu lui donneras le nom de Jésus ; car il sauvera son peuple de ses péchés. » Or tout cela arriva afin que fut accompli ce qu'avait dit le Seigneur par le Prophète : « LA VIERGE concevra et enfantera un fils ; et on le nommera Emmanuel », c'est-à-dire Dieu avec nous. Réveillé de son sommeil, Joseph fit ce que l'ange du Seigneur lui avait commandé : il prit avec lui Marie son épouse. Mail il ne la connut point jusqu'à ce qu'elle enfantât son fils premier-né, à qui il donna le nom de Jésus.

JÉSUS, étant né à Bethléem de Judée, aux jours du roi d'Hérode, voilà que des Mages arrivèrent d'Orient à Jérusalem, disant : « Où est le roi des Juifs qui vient de naître ? Car nous avons vu son étoile en Orient, et nous sommes venus l'adorer. » Ce qu'ayant appris le roi Hérode, il fut troublé et tout Jérusalem avec lui.

Paolo di Giovanni Fei, Adoration des bergers, 1372-1410. *Staatl Lindenau Museum, Altenburg.*

Il assembla tous les Princes des prêtres et les Scribes du peuple, et s'enquit d'eux où devait naître le Christ. Ils lui dirent : « À Bethléem de Judée, selon ce qui a été écrit par le Prophète : Et toi, Bethléem, terre de Juda, tu n'es pas la moindre parmi les principales villes de Juda, car de toi sortira un Chef qui doit paître Israël, mon peuple. » Alors Hérode, ayant fait venir secrètement les Mages, apprit d'eux la date précise à laquelle l'étoile était apparue.

ET IL LES ENVOYA à Bethléem en disant : « Allez, informez-vous exactement de l'Enfant, et lorsque vous l'aurez trouvé, faites-le moi savoir, afin que moi aussi j'aille l'adorer. » Ayant entendu les paroles du roi, ils partirent. Et voilà que l'étoile qu'ils avaient vue en Orient allait devant eux, jusqu'à ce que, venant au-dessus du lieu où était l'Enfant, elle s'arrêta. À la vue de l'étoile, ils se réjouirent d'une grande joie. Ils entrèrent dans la maison, trouvèrent l'Enfant avec Marie, sa mère, et, se prosternant, ils l'adorèrent ; puis, ouvrant leurs trésors, ils lui offrir en présent de l'or, de l'encens et de la myrrhe. Mais ayant été avertis en songe de ne point retourner vers Hérode, ils regagnèrent leur pays par un autre chemin.

ÉVANGILE SELON SAINT MATTHIEU, I,18-25, II, 1-12.

Paolo di Giovanni Fei, Adoration des rois, 1372-1410. *Staatl Lindenau Museum, Altenburg.*

Et je vis une femme qui descendait de la montagne et elle m'interpella : « Eh, l'homme, où vas-tu ? » Je répondis : « Je vais chercher une sage-femme juive.
– Es-tu d'Israël ? me demanda-t-elle encore.
– Oui », lui dis-je. Elle reprit : « Et qui est en train d'accoucher dans la grotte ? »

Et je lui dis : « C'est ma fiancée. – Elle n'est donc pas ta femme ? » demanda-t-elle. Et je lui dis : « C'est Marie, celle qui a été élevée dans le temple du Seigneur. J'ai été désigné pour l'épouser, mais elle n'est pas ma femme, et elle a conçu du Saint-Esprit. » Et la sage-femme dit : « Est-ce la vérité ? » Joseph répondit : « Viens et vois. »

Et elle partit avec lui, et ils s'arrêtèrent à l'endroit de la grotte. Une obscure nuée enveloppait celle-ci. Et la sage-femme dit : « Mon âme a été exaltée aujourd'hui car mes yeux ont contemplé des merveilles : le salut est né pour Israël. » Aussitôt la nuée se retira de la grotte et une grande lumière resplendit à l'intérieur, que nos yeux ne pouvait supporter. Et peu à peu cette lumière s'adouçit pour laisser apparaître un petit enfant. Et il vint prendre le sein de Marie sa mère. Et la sage-femme s'écria : « Qu'il est grand pour moi ce jour ! J'ai vu de mes yeux une chose inouïe. » Et la sage-femme, sortant de la grotte rencontra Salomé et elle lui dit : « Salomé, Salomé, j'ai une étonnante nouvelle à t'annoncer : une vierge a enfanté, contre la loi de la nature. » Et Salomé répondit : « Aussi vrai que vit le Seigneur mon Dieu, si je ne mets mon doigt et si je n'examine son corps, je ne croirai jamais que la vierge a enfanté. »

Et la sage-femme entra et dit : « Marie, prépare-toi car ce n'est pas un petit débat qui s'élève à ton sujet. » À ces mots, Marie se disposa. Et Salomé mit son doigt dans sa nature et poussant un cri, elle dit : « Malheur à mon impiété et à mon incrédulité ! disait-elle, j'ai tenté le Dieu vivant ! Et voici que ma main se défait, sous l'action d'un feu. » Et Salomé s'agenouilla devant le Maître, disant :
« Dieu de mes pères, souviens-toi que je suis de la lignée d'Abraham, d'Isaac et de Jacob. Ne m'expose pas au mépris des fils d'Israël, mais rends-moi aux pauvres. Car tu sais, ô Maître, qu'en ton nom je les soignais, recevant de toi seul mon salaire. »

Et voici qu'un ange du Seigneur parut, qui lui dit : « Salomé, Salomé, le Maître de toute chose a entendu ta prière. Étends ta main sur le petit enfant, prends-le. Il sera ton salut et ta joie. »

PROTÉVANGILE DE JACQUES, 17.3-20.3.

Le Maître de Flemalle, La Nativité, *v.*1420-1430. *Peinture sur bois.* *Musée des Beaux-Arts, Dijon.*

On dit qu'à Noël, dans les étables, à minuit,
l'âne et le bœuf, dans l'ombre pieuse, causent.
Je le crois. Pourquoi pas ? Alors, la nuit grésille :
les étoiles font un reposoir et sont des roses.

L'âne et le bœuf ont ce secret pendant l'année.
On ne s'en douterait pas. Mais, moi, je sais qu'ils ont
un grand mystère sous leurs humbles fronts.
Leurs yeux et les miens savent très bien se parler.

Ils sont les amis des grandes prairies luisantes
où des lins minces, aux fleurs en ciel bleu, tremblent
auprès des marguerites pour qui c'est dimanche
tous les jours puisqu'elles ont des robes blanches.

Ils sont les amis des grillons aux grosses têtes
qui chantent une sorte de petite messe
délicieuse dont les boutons d'or sont les clochettes
et les fleurs des trèfles les admirables cierges.

L'âne et le bœuf ne disent rien de tout cela
parce qu'ils ont une grande simplicité
et qu'ils savent bien que toutes les vérités
ne sont pas bonnes à dire. Bien loin de là.

Mais moi, lorsque l'Été, les piquantes abeilles
volent comme de petits morceaux de soleil,
je plains le petit âne et je veux qu'on lui mette
de petits pantalons en étoffe grossière.

Et je veux que le bœuf qui, aussi, parle au Bon Dieu,
ait, entre ses cornes, un bouquet frais de fougères
qui préserve sa pauvre tête douloureuse
de l'horrible chaleur qui lui donne la fièvre.

FRANCIS JAMMES, *DE L'ANGELUS DE L'AUBE À L'ANGELUS DU SOIR*, 1897.

Le Maître d'Hohenfurth, La Naissance du Christ,

tableau issu du cycle des Scènes de la vie du Christ, *v.* 1350.

Détrempe sur bois. Narodni Galerie, *Prague*.

Ô enfance extraordinaire,

à laquelle les astres sont soumis. Quelle grandeur !
quelle gloire immense dans celui devant les langes
duquel les anges se prosternent, les astres assistent,
les rois tremblent, et les partisans de la sagesse
se mettent à genoux ! Ô bienheureuse chaumière !
ô trône de Dieu, le second après le ciel,
où ce n'est pas une lumière qui éclaire,
mais une étoile ! ô céleste palais dans lequel habite
non pas un roi couvert de pierreries, mais un Dieu
qui a pris corps, qui a pour couche délicate
une dure crèche, pour plafond doré,
un toit de chaume tout noir, mais décoré
par l'obéissance d'une étoile ! Je suis saisi quand
je vois les lampes et que je regarde les cieux ;
je suis enflammé, quand je vois dans une crèche
un mendiant plus éclatant encore que les astres.

SAINT AUGUSTIN, 354-430.

Le Maître de Paciano, L'Adoration des Mages, 1315-1350.

Peinture sur bois. Galleria Nazionale dell' Umbria, Pérouse.

Esprits divins, chantons de la nuit sainte
C'est cette nuit que la pucelle enceinte
Nous a produit le Verbe précieux
C'est cette nuit que l'on a vu les cieux
Tout découverts, et bien cinq cent mille anges
Chanter à Dieu d'éternelles louanges.

C'est donc la nuit, la nuit la plus heureuse
La nuit qui donne à toute âme amoureuse
Cet heur de voir parfois son Créateur
La nuit qui donne à l'œil du corps cet heur
Voir et toucher son Dieu en ce bas-monde
Né de la Vierge à nulle autre seconde.

Nuit consommée en beauté nompareille
Je vois la lune au ciel qui s'appareille
Avec ses feux et son clair argentin
Lui ferait honte au plus beau du matin
Et l'ardeur de sa flamboyante face
Le plein midi du clair soleil s'efface.

Ce grand flambeau de feu qui se promène
Étincelant parmi la grande plaine
Montre assez bien ce merveilleux effet
Qu'en ce bas monde un nouveau monde est fait
Il est vrai que la transmontante claire
Plus que devant ardemment nous éclaire.

NICOLAS DENISOT, 1552-1553.

Livre d'Heures à l'usage de Paris, Nativité, *fol.* 48.

Enluminure sur parchemin. Musée du Moyen-Âge, Cluny.

La terre au ciel, l'homme à la Déité
Sont assemblés d'un nouveau mariage :
Dieu prenant corps, sans faire au corps outrage
Naît aujourd'hui de la virginité.

La Vierge rend à la Divinité
Son saint dépôt, dont le monde est l'ouvrage
Mais aujourd'hui il a fait davantage
S'étant vêtu de notre humanité.

Il a plus fait : car, si du corps humain
Tenant la vie et la mort dans ses mains,
Il s'est rendu mortel par sa naissance,

Ne s'est-il pas lui-même surmonté
Cet œuvre-là démontre sa puissance,
Et celui-ci démontre sa bonté.

Joachim du Bellay, « Sonnet du jour de Noël », 1530.

Fragment d'une Nativité, *Bruxelles, fin* XVe *siècle. Relief en noyer. Musée du Louvre, Paris.*

École italienne, La Nativité, XVe *siècle.*

Miniature sur vélin. Musée Bonnat, Bayonne.

Marie

Las, mon amy, je voy approcher l'heure
Que naistre doit le fruit tant désiré ;
Regardons où.

Joseph, regardant l'estable

Au fort je vous diré
Voicy un lieu qui sert de povre estable ;
Bien qu'il ne soit pour l'enfant honorable,
Nécessité nous contraint d'y entrer :
Et je mettray peine de l'acoustrer,
Pour vous garder de l'injure du vent.

Marie

Joseph, il fault que vous sayez sçavant
Qu'il n'est nul lieu où Dieu soit en présence,
Qu'il ne soit plein de lumière et plaisance ;
Prenons en gré ce qu'il donne à noz corps ;
Ne regardons jamais à ce dehors.

Joseph

Ce m'est plaisir de peine en prendre
Mais pour un peu de clarté rendre,
Je vois allumer ceste mesche,
Estoupper aussi ceste bresche
Mais quand il me vient en mémoire.
Où le mettrons nous ? En la creiche ?
Meilleur lieu n'a ou diversoire.

MARGUERITE DE NAVARRE, *COMÉDIE DE LA NATIVITÉ DE JÉSUS*, 1492-1549.

Quel est cet astre radieux

Quel est cet astre radieux
Qui vient pour nous du haut des cieux,
Donné par Dieu lui-même ?
Ô Jésus, divine clarté,
Tu revêts notre humanité
Dans sa faiblesse extrême.
Seigneur, mon cœur Te réclame ;
Dans mon âme
Viens sans cesse,
Soutiens-moi par ta tendresse.

Tout pénétré de ton amour,
Je chante ta gloire en ce jour,
Ô Sauveur de mon âme.
En t'abaissant jusques à moi,
Tu m'embrases, Seigneur, pour toi
D'une céleste flamme.
Seigneur, Sauveur,
Ta parole,
Qui console
Ma souffrance,
M'apporte la délivrance.

Par l'effet de sa charité,
Dieu voulut, dès l'éternité,
Que son Fils fût mon frère.
Je m'attache à lui par la foi ;
Il est mon Maître, il est mon Roi ;
Fondé sur lui, j'espère.
En toi,
Par toi
Je veux vivre,
Pour te suivre,
Ô mon Maître !
À toi seul, viens me soumettre.

PSAUME PROTESTANT.

Le Maître de Raigern,
La Naissance du Christ, *v.* 1425.
Panneau peint d'un retable en bois de sapin.
Kunsthistorischesmuseum, Vienne.

Giotto di Bondone, La Présentation de Jésus au temple, *détail*, 1303-1305. *Fresque. Chapelle Scrovegni, Padoue.*

Hymne au Christ

L'astre qu'à ton berceau le mage vit éclore,
L'étoile qui guida les bergers de l'aurore
Vers le Dieu couronné d'indigence et d'affront,
Répandit sur la terre un jour qui luit encore,
Que chaque âge à son tour reçoit, bénit, adore,
Qui dans la nuit des temps jamais ne s'évapore,
Et ne s'éteindra pas quand les cieux s'éteindront !

ALPHONSE DE LAMARTINE,
HARMONIES POÉTIQUES ET RELIGIEUSES,
1830.

Giotto di Bondone, La Nativité, *détail*, 1303-1305. *Fresque. Chapelle Scrovegni, Padoue.*

Andrea della Robbia, Adoration des Mages, 1435-1525.

Terracotta vernissée. Victoria and Albert Museum, Londres.

Le ciel est noir, la terre est blanche ;
Cloches, carillonnez gaîment !
Jésus est né ; la Vierge penche
Sur lui son visage charmant.

Pas de courtines festonnées
Pour préserver l'enfant du froid,
Rien que des toiles d'araignées
Qui pendent des poutres du toit.

Il tremble sur la paille fraîche
Ce cher petit enfant Jésus,
Et, pour l'échauffer dans sa crèche,
L'âne et le bœuf soufflent dessus.

La neige au chaume coud ses franges ;
Mais sur le toit s'ouvre le ciel,
Et, tout en blanc, le chœur des anges
Chante aux bergers : « Noël ! Noël ! »

THÉOPHILE GAUTIER, *ÉMAUX ET CAMÉES*, 1852.

NOEL

Petit Jésus qu'il nous faut être,
Si nous voulons voir Dieu le Père,
Accordez-nous d'alors renaître

En purs bébés, nus, sans repaire
Qu'une étable, et sans compagnie
Qu'un âne et qu'un bœuf, humble paire ;

D'avoir l'ignorance infinie
Et l'immense toute-faiblesse
Par quoi l'humble enfance est bénie ;

De n'agir sans qu'un rien ne blesse
Notre chair pourtant innocente
Encor même d'une caresse,

Sans que notre œil chétif ne sente
Douloureusement l'éclat même
De l'aube à peine pâlissante,

Du soir venant, lueur suprême,
Sans éprouver aucune envie
Que d'un long sommeil tiède et blême...

En purs bébés que l'âpre vie
Destine, – pour quel but sévère
Ou bienheureux ? – foule asservie

Ou troupe libre, à quel calvaire ?

PAUL VERLAINE, *LITURGIES INTIMES*, 1892.

François Boucher, La Lumière du monde, 1750.
Huile sur bois. Musée des Beaux-Arts, Lyon.

LORS de la naissance du Seigneur, trois Mages vinrent à Jérusalem. Leur nom ~~latin~~ c'est Appelius, Amérius, Damascus ; en hébreu on les nomme Galgalat, Malgalat et Sarathin ; en grec, Caspar, Balthasar, Melchior. Mais qu'étaient ces Mages ? Il y a là-dessus trois sentiments, selon les trois significations du mot Mage. En effet, Mage veut dire trompeur, magicien et sage. Quelques-uns prétendent que, en effet, ces rois ont été appelés Mages, c'est-à-dire trompeurs, de ce qu'ils trompèrent Hérode en ne revenant point chez lui. Il est dit dans l'Évangile, au sujet d'Hérode : « Voyant qu'il avait été trompé par les Mages. » Mage veut encore dire magicien. Les magiciens de Pharaon sont appelés Mages, et saint Chrysostome dit qu'ils tirent leur nom de là. D'après lui, ils seraient des magiciens qui se seraient convertis et auxquels le Seigneur a voulu révéler sa naissance, les attirer à lui, et par là donner aux pécheurs l'espoir du pardon. Mage est encore la même chose que sage. Car Mage en hébreu signifie scribe, en grec philosophe, en latin sage. Ils sont donc nommés Mages, c'est-à-dire savants, comme si on disait merveilleusement sages.

JACQUES DE VORAGINE, *LA LÉGENDE DORÉE*, 1261-1266.

Pierre Spicre, Les Rois mages, *Tapisserie de la Vie de la Vierge*, 1474-1500. *Collégiale Notre-Dame, Beaune.*

Pieter Brueghel le Jeune, L'Adoration des Mages, 1564-1638.

Huile sur bois. Musée de l'Ermitage, Saint-Pétersbourg.

DONC, BALTHAZAR, MELCHIOR
ET GASPAR, LES ROIS MAGES,
Chargés de nefs d'argent, de vermeil et d'émaux
Et suivis d'un très long cortège de chameaux,
S'avancent, tels qu'ils sont dans les vieilles images.

DE L'ORIENT lointain, ils portent leurs hommages
Aux pieds du fils de Dieu, né pour guérir les maux
Que souffrent ici-bas l'homme et les animaux ;
Un page noir soutient leurs robes à ramages.

SUR le seuil de l'étable où veille saint Joseph,
Ils ôtent humblement la couronne du chef
Pour saluer l'Enfant qui rit et les admire.

C'EST ainsi qu'autrefois, sous Augustus Cæsar,
Sont venus, présentant l'or, l'encens et la myrrhe,
Les Rois Mages Gaspar, Melchior et Balthazar.

JOSÉ MARIA DE HEREDIA, « L'ÉPIPHANIE », *LES TROPHÉES*, 1893.

Gentile da Fabriano, Adoration des Mages, 1423. *Détrempe sur bois. Galerie des Offices, Florence.*

L'Adoration des Rois mages, *Allemagne*, XVe *siècle*. Enluminure.

Bibliothèque Nationale d'Autriche, Vienne.

ROIS

La myrrhe, l'or et l'encens
Sont des présents moins aimables
Que de plus humbles présents
Offerts aux Yeux adorables
Qui souriront plutôt mieux
À de simples vœux pieux.

Le voyage des Rois Mages
Certes agrée au Seigneur.
Il accepte ces hommages
Et les tient en haut honneur ;
Mais d'un pécheur qui s'amende
Pour lui la gloire est plus grande.

Dans ce sublime concours
D'adorations premières,
Jésus goûtera toujours
Davantage les prières
Des misérables et leur
Garde un royaume meilleur.

Les anges et les archanges
Qui réveillent les bergers,
Voix d'espoir et de louanges
Aux hommes encouragés
Priment dans l'azur sans voile
La miraculeuse étoile...

Riches, pauvres, faisons-nous
Néant, devant toi, le Maître,
De Ton Saint Nom seuls jaloux :
Tu sauras bien reconnaître
Et magnifier les tiens,
Riches, pauvres, tous chrétiens.

PAUL VERLAINE, *LITURGIES INTIMES*, 1892.

Chanson du jour de Noël

Une pastourelle gentille
Et ung bergier, en ung vergier,
L'aultrehier en jouant à la bille
S'entredisoient, pour abreger :
Roger
Bergier
Legiere
Bergiere,
C'est trop à la bille joué :
Chantons Noé, Noé, Noé.

Te souvient il plus du Prophete
Qui nous dist cas de si hault faict,
Que d'une pucelle parfaicte
Naistroit ung enfant tout parfaict ?
L'effet
Est faict :
La belle
Pucelle
A ung filz au ciel voué :
Chantons Noé, Noé, Noé.

CLÉMENT MAROT, *CHANSONS*, 1530.

Jacquelin de Montluçon,
L'Adoration de l'Enfant, XVe *siècle.*
Huile sur bois. Musée des Beaux-Arts, *Dijon.*

EXCELSIS DEO ET

AIR (TÉNOR)

Empressez-vous, joyeux bergers, hâtez-vous,
Ne tardez plus trop longtemps,
Hâtez-vous de voir le doux enfant !
Allez, la joie sera trop grande,
Cherchez à obtenir ce don gracieux,
Allez, et que se délectent le cœur et les sens.

RÉCITATIF

L'Évangéliste

Et voici à quel signe vous le reconnaîtrez :
vous trouverez l'enfant enveloppé de langes
et couché dans une crèche.

CHORAL

Regardez, là-bas dans l'étable obscure est couché
Celui dont le règne s'étend sur tout l'univers.
Dans le lieu même où jadis le bœuf avait sa mangeoire
Repose maintenant l'enfant de la Vierge.

RÉCITATIF (BASSE)

Courez donc, bergers ; courez
Pour contempler le miracle ;
Et si vous trouvez le fils du Très-Haut
Couché dans une crèche dure :
Chantez auprès de son berceau,
Chantez d'un ton très doux,
Avec le chœur tout entier
Chantez cette chanson pour le bercer.

JEAN-SÉBASTIEN BACH, *ORATORIO DE NOËL*, 1734-1735.

Livre d'Heures, L'Annonciation aux bergers, *ms.* 6, *fol.* 41,
France, v. 1480. *Miniature. Pierpont Morgan Library,* New York*.*

Deus in ad terciam,
adiutorium meum
intende.
Domine ad adiuuandum
me festina.

Le Temps de Noël

Dans l'Europe Méridionale

Dans l'Europe du Centre

Dans l'Europe Septentrionale

L'Europe méridionale

Attachées au message pascal de victoire sur la mort et de salut éternel, les Églises orientales ont entouré la Nativité d'un symbolisme cosmique exprimé par un ensemble de « rites de passage ». Une approche « naturaliste » invite toute la nature à participer à cette naissance divine. *Christougenna*, littéralement « Naissance du Christ » en grec, signifie avant tout une remise en cause de l'ordre établi et un renouvellement des forces vitales. Pendant les « douze jours » entre la veille de Noël et l'Épiphanie, tous les éléments se déchaînent : les forces obscures envahissent le monde, du crépuscule à l'aube, le ciel se déchire pour initier les privilégiés aux mystères célestes. C'est le temps propice aux magies et à l'exercice d'une mantique probatoire. Les animaux domestiques parlent pour instruire leurs maîtres sur le futur, tout acte manqué, tout lapsus, toute rencontre fortuite prend une signification divinatoire. L'eau douce qui coule sur terre, comme celle de la mer immense, est maculée pendant « ce temps en dehors du temps » : elle a besoin du « baptême » du 6 janvier, qui lui assurera la bénédiction et apaisera les tempêtes. Les arbres se

Page précédente :
Crèche napolitaine, XVIIIe *siècle. Musée de Chaumont, France.*

Trois Anges chantant le Gloria, *fin* XVe *siècle. Applique. Polychromie et dorure sur pierre calcaire. Bourgogne, France.*

penchent, attentifs au sort des humains et lorsque la bûche d'olivier crépite dans l'âtre, c'est pour les instruire sur l'avenir. Le salut viendra de la piété, du repas rituel pris en commun avec les ancêtres et les générations futures, avec du pain consacré et du vin bénit, comme pour la communion sous les deux espèces. C'est aussi le feu domestique ou celui des bûchers allumés sur la place centrale des villages ; il assure la protection des hommes en ce temps de tous les dangers.

Dans le sud-est européen, l'Enfant Jésus est né dans une grotte, comme tant d'autres dieux de cette partie du monde. Cette sorte d'entaille dentelée sur une pente rocailleuse, typique des paysages de la Méditerranée, constitue le motif central des icônes de la Nativité et des fresques austères qui décorent les églises, de la Chypre à la Russie. Repère des bergers, la grotte accueille aussi les agneaux qui, nés d'habitude vers la fin décembre, sont les symboles les plus fidèles de la Nativité. Hormis les scènes où mages, bergers, anges, paysans, animaux et sages-femmes, administrent au nouveau-né son bain rituel, la Mère est souvent représentée seule, tenant l'Enfant dans ses bras, à l'instar de la Grande Déesse, qui protège sa progéniture.

La Nativité, XIIe *siècle. Mosaïque byzantine. Église de la Martorana, Palerme.*

En Italie, dans le Midi de la France et dans la Péninsule ibérique, la crèche, *presepe*, en italien et portugais, *nacimiento*, en espagnol, sous forme d'édicule ou d'aspect beaucoup plus élaboré – village illuminé, par exemple, représentant Bethléem – est exposée dans les églises, sur les places, aux carrefours ; elle occupe une place de choix dans les maisons, même les plus démunies et, de nos jours, elle est installée au pied de l'arbre. On fait remonter cette tradition à saint François d'Assise, cet Orphée chrétien, qui savait parler aux animaux et entrer en contact avec la nature.

Les disciples du *Poverello* ont importé la coutume en France où, déjà au XIIe siècle, apparaissent des crèches tellement luxueuses qu'elles conviennent peu à l'humble logis de la Nativité. La Provence a développé, ces deux derniers siècles, un véritable artisanat des personnages de crèches, les fameux santons, « petits saints ». Naples a su fabriquer les exemplaires de crèches les plus réputés et, même de nos jours, les différentes églises de la ville rivalisent quant à la beauté des crèches présentées, pour le grand bonheur des paroissiens.

La Mère et l'Enfant, XIXe *siècle. Icône de Chypre. Coll. privée.*

Crèche napolitaine, XVIIe *siècle. Acajou, ébène et ivoire.* Musée *Bonaparte*, *Ajaccio.*

La bonne nouvelle de *Natale*, de Noël, est annoncée en Italie par les *zambognari*, ces bergers d'Abbruzzo et de Calabre qui envahissent les villes avec des chants joyeux, les *cantata dei Pastori*. À Rome, ils s'installent sur la Piazza Navona et devant l'entrée de la cathédrale de Saint-Pierre. En Espagne perdure toujours une tradition fort ancienne. Durant la nuit solsticiale on allume avec des torches de feu, les *hogueras*, des bûchers que l'on enjambe dans l'allégresse, afin de se prémunir contre les maladies. L'efficacité du rite dépend, selon les croyances populaires, de la hauteur des flammes.

Se déguiser pendant les « douze jours » était jadis une coutume commune à tous les pays méridionaux. Dans les Balkans, on retrouve encore de nos jours des hommes costumés en ours, guerriers farouches, faunes, oiseaux, mystérieux cavaliers ou cerfs, prêts à chasser les femmes, à livrer bataille pour défendre un territoire, une rue, à danser frénétiquement ou chanter en l'honneur de maîtres de maisons accueillantes. En Espagne, dans les vallées de Cantabria, les bergers organisent toujours, le 31 décembre, la *Vihanera*. Ce mot vient de *enero* qui signifie janvier ; dans la région du Léon, c'est le terme *jenero* qui désigne aussi ce mois. Il s'agit d'une manifestation d'origine latine liée à Janus. À l'aube, les « acteurs » de la fête envahissent les rues, couverts de peaux d'animaux, plusieurs cloches de troupeaux ceintes autour de la taille. Ils courent et sautent, déchaînés, dans un vacarme incroyable, se livrant à des acrobatie et des exercices violents. À la tombée de la nuit, on choisit le héros de la fête parmi ces *zarramacos*, « bêtes sauvages en folie » ; on désigne le concurrent qui s'est montré le plus agile et le moins épuisé par l'effort. Ensuite, tous se rassemblent le long d'une frontière virtuelle qui sépare leur territoire de celui d'un village voisin. De l'autre côté de cette ligne de démarcation se rassemblent les « danseurs » des villages en question et les deux « bandes » décident de la paix ou de la guerre rituelles.

En cas de guerre, les *zarramacos*, déjà épuisés par l'exercice de la journée, se lancent violemment dans un combat où coups et blessures se partagent entre les belligérants. À l'aube du jour du nouvel an, les familles interviennent pour transporter dans leurs foyers ces farouches guerriers qui gisent par terre, malmenés au cours de ces violentes joutes rituelles.

La messe de minuit, la *Messa del Gallo* pour les Ibères, est une « obligation » pour les catholiques, qui se régaleront ensuite avec sept ou treize mets souvent à base de poissons ou de fruits de mer. En Provence, la table compte autant de desserts.

En Italie, la Befana apporte les cadeaux, le jour de l'Épiphanie. *Début xxe siècle. Coll. Kharbine-Tapabor.*

Saint Basile dans les pays orthodoxes – le jour du nouvel an –, la *Befana*, en Italie, et les rois Mages, en Espagne – le 6 janvier – se chargent d'apporter les cadeaux aux enfants, à moins que ce ne soient O *pai Natal*, une sorte de Père Noël au Portugal, la *Babo Natale*, la vieille (sorcière) de Noël, dans les Alpes, ou encore *Jesu Bambino*.

Fêtes des enfants ou fêtes des adultes qui retrouvent les joies de leur jeunesse, les fêtes de Noël, sont indiscutablement partout en Méditerranée l'occasion d'une purification de l'âme, d'une renaissance annuelle dans l'amour, le bonheur, la santé, la tolérance.

Guido da Siena, La Nativité, 1250-1300.

Huile sur bois. Musée du Louvre, Paris.

La Vierge aujourd'hui
Engendre l'enfant d'essence divine
Et c'est une grotte que la terre
Offre à l'inaccessible
Les anges avec les bergers
Le louent
Et les mages s'avancent
Guidés par l'Étoile
Car tu es né pour nous
En petit enfant
Ô Dieu Éternel.

KONTAKION DE ROMANOS LE MÉLODE.

Icône grecque, La Nativité du Christ, *fin* XVI*e siècle.*

Musée des Icônes, Recklinghausen, Allemagne.

GLORIA IN EXCE

Le jour du jugement paraîtra
Celui qui n'aura pas fait service.

Jésus-Christ, Roi universel
Homme et vrai Dieu éternel,
Du ciel viendra pour juger
Et à chacun, ce qui est juste, il donnera.

Un grand feu du ciel descendra,
Mers, sources et fleuves tout brûlera,
Les poissons pousseront de grands cris,
Laissant leurs jeux naturels.

Oh ! Vierge humble, vous qui avez enfanté
L'Enfant Jésus, cette nuit,
Veuillez toujours, pour nous tous prier,
Que de l'enfer, il veuille nous garder.

CHANT POPULAIRE DE NOËL, MAJORQUE.

Domenicos Theodocopoulos dit El Greco,
Adoration des bergers, 1540-1614.
Musée du Prado, Madrid.

Haut monte la lune

Haut monte la lune, haut,
plus haut que le soleil à midi.
Plus haut encore s'en allait Notre-Dame,
lorsqu'elle se dirigeait vers Belém.
Saint José s'en allait derrière elle,
sans pouvoir la rejoindre.
Il l'atteignit à Belém
où elle venait d'accoucher.
Sa pauvreté était si grande
qu'elle n'avait même pas un morceau de tissu.
Un ange descendit du ciel,
des tissus d'or lui apporta.
Elle les déchira en trois morceaux,
en trois morceaux, elle les déchira.
L'un était destiné au matin,
l'autre à midi,
Et le troisième pour la nuit,
lorsque l'enfant dormait.
Un ange descendit du ciel,
des tissus d'or lui apporta.
Un autre ange monta au ciel,
chantant un Avé Maria.
Un Avé Maria de la grâce,
celui de la grâce.
Le Père éternel chercha à savoir,
comment se portait l'accouchée.
L'accouchée était bien,
elle se portait bien.

ROMANCE DU TRÁS-OS-MONTES, GIMONDE, PORTUGAL.

École catalane, La Nativité, XIIe *siècle. Huile sur bois. Église de Sagos.* Museo Diocesano, Solsona.

Drelin din !... Drelindin din !...

C'est la messe de minuit qui commence.

Dans la chapelle du château, une cathédrale en miniature, aux arceaux entrecroisés, aux boiseries de chêne, montant jusqu'à hauteur des murs, les tapisseries ont été tendues, tous les cierges allumés. Et que de monde ! Et que de toilettes ! Voici d'abord, assis dans les stalles sculptées qui entourent le chœur, le sire de Trinquelague, en habit de taffetas saumon, et près de lui tous les nobles seigneurs invités. En face, sur des prie-Dieu garnis de velours, ont pris place la vieille marquise douairière dans sa robe de brocart couleur de feu, et la jeune dame de Trinquelague, coiffée d'une haute tour de dentelle gaufrée à la dernière mode de la cour de France. Plus bas on voit, vêtus de noir avec de vastes perruques en pointe et des visages rasés, le bailli Thomas Arnoton et le tabellion maître Ambroy, deux notes graves parmi les soies voyantes et les damas brochés. Puis viennent les gras majordomes, les pages, les piqueurs, les intendants, dame Barbe, toutes ses clés pendues sur le côté à un clavier d'argent fin. Au fond, sur les bancs, c'est le bas office, les servantes, les métayers avec leurs familles ; et enfin, là-bas, tout contre la porte qu'ils entr'ouvrent et referment discrètement, messieurs les marmitons qui viennent entre deux sauces prendre un petit air de messe et apporter une odeur de réveillon dans l'église tout en fête et tiède de tant de cierges allumés.

ALPHONSE DAUDET, « LES TROIS MESSES BASSES »,
LES LETTRES DE MON MOULIN, 1866.

Les Très Riches Heures du duc de Berry, La Messe de Noël, XV*e* *siècle.*
Manuscrit enluminé. Musée Condé, Chantilly.

Que

de lumières ! Dans le chœur de la chapelle,
le vieil autel de pierre en forme
de tombeau en était garni, et voici qu'on
achevait d'éclairer la crèche de verdure faite
dans une large embrasure de fenêtre.
Après s'être signés avec de l'eau bénite,
les gens allaient s'agenouiller devant
la crèche et prier l'enfant Jésus qu'on voyait
couché dans une mangeoire sur de la paille
ruisselante comme de l'or, entre un bœuf
pensif et un âne tout poilu qui levait la tête
pour attraper du foin à un petit râtelier.
Que c'était beau ! On aurait dit une croze
ou grotte, toute garnie de mousse,
de buis et de branches de sapin sentant bon.
Dans la lumière amortie par la verdure
sombre,la sainte Vierge, en robe bleue,
était assise à côté de son nouveau-né,
et, près d'elle,saint Joseph debout,
en manteau vert, semblait regarder tout ça
d'un œil attendri. Un peu à distance,
accompagnés de leurs chiens, les bergers
agenouillés, un bâton recourbé en crosse
à la main, adoraient l'enfançon, tandis que,
tout au fond, les trois rois mages, guidés
par l'étoile qui brillait suspendue à la voûte
des branches, arrivaient avec leurs longues
barbes, portant des présents…

EUGÈNE LE ROY, *JACQUOU LE CROQUANT*, 1899.

s'agenouiller
devant la crèche
et prier l'enfant
Jésus. On
le voyait couché
dans une man-

Crèche en cire, *fin* XVIII*e siècle*. *Musée des Arts et Traditions Populaires*, Paris.

c'était beau ! On
aurait dit une

Il faut

beaucoup de persévérance pour atteindre l'église, à travers les cris, les offres insinuantes, les imprudentes prières et les imprécations zézayées. Aucun respect n'atténue d'ailleurs, sous un plafond dont l'or prodigué vieillit trop lentement, l'arrogance de la marmaille romaine. Elle s'exclame et bataille, devant la crèche monumentale qui mêle aux trois Rois mages une contadine porteuse de présents : fromages blancs, oranges et figues, le tribut de l'Italie, roulent aux pieds du Bambino ligoté d'or. Pour voir le Bambino, et l'ange de cartonnage, et l'âne gris, les bambins se poussent, se font la courte échelle le long d'une des lisses colonnes païennes, et des enfants en grappe enguirlandent, comme un motif ornemental, les bords d'un bénitier.

Colette, « L'hiver à Rome », Noël 1917, *Paysages et portraits.*

Crèche napolitaine, XVIIIe *siècle.*
Palais-Royal, Caserta, Italie.

Crèche, Le Voyage des Rois mages depuis l'Orient. XXe *siècle*.

C'était le drame touchant de la *Nativité*, c'est-à-dire la plus solennelle et la plus gracieuse des histoires, celle d'un Dieu qui daigne naître à la rigoureuse destinée de l'humanité, et qui choisit pour berceau la crèche d'une pauvre étable, au milieu des indigents et des affligés de la terre.

Les acteurs n'étaient pas des hommes : quels hommes seraient dignes de représenter un pareil poème ? C'étaient des *marionnettes*.

La confection de la troupe était remise aux soins habiles et délicats des religieuses, filles toujours pures du Seigneur, qui partagent leur douce vie entre les espérances ineffables que donne la prière et les souvenirs charmants que rappelle la *poupée*.

Tous les arts, tous les instruments de la toilette mondaine, étaient mis à contribution dans ce travail coquet, mais innocent : l'aiguille qui brode et qui chamarre, les ciseaux qui festonnent ou qui découpent, le fer qui roule en anneaux la soie flottante des cheveux, le pinceau même qui relève d'une légère couche de vermillon la pâleur d'une joue décolorée. Je vous réponds que ce petit peuple sans subvention, de comédiens pimpants et frais, habillés, coiffés, poudrés, parés, attifés, enjolivés, enluminés, enrubannés, était chose merveilleuse à voir.

Quant au théâtre, on le prenait sur le parloir du couvent, et on l'appelait la crèche pour l'étable.

Charles Nodier, « Les marionnettes »,
Les Fantaisies du dériseur sensé, 1830-1836.

La Nativité

Les décors sont d'une simplicité vraiment rustique ; au premier plan se trouve l'étable ; au second est dessiné, en relief, un paysage dont les détails sont plus ou moins compliqués, suivant la grandeur de la crèche. Le plus souvent ce sont des collines couvertes de moulins à vent, des prairies ou paissent des troupeaux, des maisons d'argile, des lacs, des rivières. Ce paysage, dans la composition duquel il n'entre qu'un peu de papier peint, de terre glaise, de mousse et de liège, ressemble tout autant à un site de la Bretagne ou du Dauphiné qu'aux environs de Bethléem. La couleur locale n'a rien à voir dans tout cela : et ce qui est plus bizarre encore, c'est que les faiseurs de crèches n'hésitent pas à donner le costume marseillais aux bergers de la Palestine et à placer parmi ces personnages des types tout modernes, tels que le tambourinaire [joueur de tambourin], l'amoulaire [rémouleur], le bohémien portant un chat et un tambour de basque, des soldats en tunique bleue et pantalon garance, des prêtres en surplis et des gens enfin de toutes les professions qui viennent offrir à l'Enfant Jésus les uns des œufs, du lait, des gâteaux, les autres des fruits, des agneaux, de la volaille [...].

« L'ILLUSTRATION », 1857.

Santons en verre filé de Nevers, *fin* XVIII*e siècle.*
Musée du Vieux-Marseille, Marseille.

Prière à saint François

Ô saint François, Grand Saint des Pauvres, patron des santonniers,

nous voici prosternés devant vous.

Ô Beau saint d'Assise, vous qui êtes l'ami des petits, des humbles,

des pauvres gens, vous qui avez tant aimé les créatures façonnées

par Dieu le Père, aidez-nous dans notre tâche journalière.

Nous vous en prions : apportez-nous la lumière, donnez-nous

la Vie, le Pain, non seulement l'adresse mais aussi la Foi

dans notre beau métier, l'amour des belles choses, l'élan et l'enthousiasme

pour aller de l'avant sans mal au cœur, sans lassitude...

Envoyez aux santonniers, la Divine Patience qui leur fait

tant besoin pour confectionner les jolis santons de Bethléem.

Ô saint François, faites que dans nos doigts l'argile se transforme

merveilleusement en ce petit symbole d'amour et de croyance.

Avec ça, permettez que ces petits santons apportent, dans la joie

aux quatre coins du monde, le Testament vivant du respect

des anciennes coutumes de notre Terroir, l'harmonie de notre race,

la foi de notre Peuple Provençal.

Ô saint François, vous tant proche de la Provence par votre mère,

gardez les santonniers de l'adversité.

Faites, qu'avec votre Sainte Protection, les humbles utilisateurs d'argile

cheminent jusqu'au dernier souffle, dans le vrai chemin

du travail et de la Foi Chrétienne.

Ainsi soit-il !

Détail d'une crèche napolitaine, XVIIIe *siècle. Musée de Chaumont, France.*

L'Europe du Centre

L'Europe qui va de la mer Noire à l'Atlantique et à la mer du Nord concentre à la fois les traditions les plus archaïsantes et les nouveautés les plus réussies quant à la célébration de la Nativité et du passage à une nouvelle année astronomique. La Roumanie et l'Ukraine méridionale, jusqu'à la Pologne, en traversant les Carpates, sont le territoire d'extraordinaires « sorties » de masques : ours, taureaux, chèvres, boucs, chevaux-jupons règnent ici, entre Noël et l'Épiphanie. Plus à l'ouest, dans les massifs tchécoslovaques, le temps des déguisements commence avec la Saint-Nicolas, le 6 décembre. Habillé comme un évêque, avec une mitre lumineuse, ce saint, protecteur des enfants, conduit de lugubres cortèges où diables enchaînés, mauvais esprits, monstres terrifiants et cornus, cancrelats de paille, sèment la panique auprès des enfants et amusent les adultes. Les nuits sombres s'animent des sonorités aiguës des fifres, rythmées par les tambours et les grosses caisses, tandis que claquements de fouets et bruits de cloches qui s'entrechoquent créent une

À *gauche* :
Alexandre Hesse, saint Nicolas, XIXe *siècle. Peinture murale. Église de Chevry-en-Sereine.*

Krampus, le croquemitaine germanique, *fin* XIXe *siècle. Coll. Kharbine-Tapabor.*

ambiance infernale. *Sinterclaes*, aux Pays-Bas, amarre son bateau, tous les ans, aux quais d'Amsterdam, où il est accueilli par les autorités locales avant de rendre visite à tous les enfants, avec son acolyte, Pierre le Noir, et de distribuer des cadeaux aux plus méritants. En Frise, autour du mystérieux *Sunderklaas*, s'organisent des rites d'initiation pour les adolescents, dont sont toujours strictement exclues les femmes.
La Saint-Nicolas reste, jusqu'en Alsace et en Lorraine, la fête la plus importante de la fin de l'année. Elle ne fut que très récemment concurrencée par les manifestations de Noël et du nouvel an.

Jost Amman, saint Nicolas, sur un âne, costumé en « Vielfrass» ou glouton, 1539-1591. *Dessin à la plume rehaussé de blanc. Musée du Louvre, Paris.*

En fait, c'est entre Amsterdam et la Nouvelle Amsterdam, l'actuelle New York, que s'est forgée, au XIXe siècle, une personnalité moderne devenue rapidement représentative de Noël : Santa Claus, l'avatar joyeux de l'austère évêque de Myre, devient *Father Christmas*, Père Noël, ou *Weihnachtsmann*. Le Père Noël traverse, imperturbable, les océans, s'introduit même dans les cultures extra-occidentales : il pénètre le Japon, la Chine, l'Afrique, où il participe à l'atmosphère festive et fait office de porte-bonheur pour l'année à venir.

Jadis, pour les cultures germaniques, entre Noël et l'Épiphanie, au cœur de la saison sombre, régnaient tous les maléfices. Pour se rassurer face aux dangers de l'obscurité, les familles, rassemblées autour de l'âtre, décoraient leurs maisons de lumières, verdures, fruits secs. Le couronnement de Charlemagne fut célébré le jour de la fête de la Nativité, en l'an 800. On peut donc supposer que la christianisation massive de ces peuples eut lieu aux alentours de cette date. De fait, la joyeuse expression « Noël » peut aussi bien

signifier *Neues Licht*, nouvelle lumière, que *Natalis dies*, jour de la Naissance. Les pommes, fruits de l'au-delà dans le monde celtique, se trouvent intégrées dans le décor des « couronnes de l'Avent », mais elles sont investies d'un sens nouveau : ce sont les fruits de l'arbre interdit, dont la consommation a provoqué la chute de nos ancêtres bibliques. L'arbre de Noël, même s'il a des correspondances anciennes dans toutes les cultures européennes, trouve son ascendance la plus probante dans le frêne cosmogonique de la mythologie germaine, l'*Yggdrassil*, l'axe du monde.

Ci-contre : Didoukh, *« arbre de Noël » en épis d'avoine, Ukraine occidentale. Coll. privée.*

Marché de Noël, 1891. *Lithographie réalisée d'après un tableau de Ludwig Blume-Siebert. Coll. Archiv für Kunst und Geschichte, Berlin.*

À propos d'arbre, l'origine du sapin de Noël, indispensable de nos jours aux fêtes de fin d'année, remonterait au XVIe siècle. Dans les traditions de la Forêt Noire, on attribue son « apparition » à Luther lui-même. Progressivement, il s'est répandu dans toute l'Europe ; d'abord dans les cours royales, ensuite dans la bourgeoisie, fière de copier les coutumes aristocratiques. Depuis le milieu du XXe siècle, l'arbre de Noël se dresse sur les places publiques pour annoncer le renouveau, la lumière qui l'emporte dorénavant sur les ténèbres, la joie qui s'installe dans tous les cœurs.

La Cueillette du houx, *illustration pour le livre* A Letter to Santa Claus, *Éd. Berger Publ. Company*, N.Y., 1907.

Les marchés organisés dans l'attente de Noël sont inhérents à la saison de l'Avent. Ils scintillent de mille objets lumineux et répandent l'odeur chaude et appétissante des pains d'épices. Les plus anciens témoignages de cette activité, vénale et ludique à la fois, remontent à 1278 avec le « Marché de l'Enfant Jésus » de Vienne. Le marché le plus réputé est actuellement organisé à Nuremberg, l'ancienne « capitale » des jouets, tandis que ceux de Salzbourg, de Berlin ou encore de Strasbourg acquièrent une réputation croissante. Nous retrouvons cette ancienne coutume dans les illuminations des rues commerçantes et les vitrines décorées, qui gagnent l'ensemble du monde européen mais aussi les autres pays occidentalisés de l'Amérique et de l'Asie. En Grande-Bretagne, où coutumes et traditions se sont rétractées et partiellement superposées, au gré des invasions successives, les célébrations de Noël et de la fin d'année varient énormément. Jusqu'au XXe siècle, par exemple, en Angleterre, pendant les « Nuits d'or », du 16 au 24 décembre, les adultes faisaient la tournée des quartiers aisés, présentant des images pieuses et souhaitant santé et bonheur à chacun. Ils recevaient, comme récompenses, des fruits secs, des pommes et quelques menus gâteaux parfumés aux épices exotiques. Ailleurs, pendant le porte à porte de cette période, on offrait une boisson rituelle « d'immortalité », le *wassail*, à base de bière. Consommée par les hommes, on en aspergeait aussi les animaux. Elle leur assurait une bonne santé pour toute l'année. Versée sur les racines des arbres fruitiers, elle augmentait leur rendement et protégeait les fruits des vers, et des taches. La coutume indo-européenne des cortèges masqués « qui chassent les démons » est toujours présente chez les Britanniques sous forme de représentations théâtrales comiques, les *Mummers'plays*, « mômeries », dont la mode revient actuellement dans plusieurs villes universitaires. Jadis, ces joyeuses satires populaires constituaient une halte dans un morne quotidien. Elles étaient données à plusieurs occasions : à Pâques, à la Toussaint, pour Halloween, et pour le passage d'une année à une autre. On mêlait critique sociale et thèmes religieux et moralisants ; on y intercalait le récit des victoires de la flotte anglaise contemporaine aux exploits de saint Georges, le protecteur du royaume. Shakespeare, ce génial auteur de l'Angleterre renaissante, a conservé l'écho de ces traditions « carnavalesques » anciennes dans les déguisements et les folies de *La Nuit des Rois*, drame comique écrit vers 1601. Enfin, à Londres, fut inventée la « carte de vœux », au milieu du XIXe siècle, qui atteignit le succès universel que nous lui connaissons actuellement. L'esprit d'entraide est particulièrement mis en valeur par les Anglo-saxons pendant les fêtes de fin d'année, qui ouvrent une période de « paix », considérée comme la « trêve de Noël ». Force est de constater, un peu partout de nos jours, le développement d'un esprit de solidarité, pendant les fêtes, qui s'accompagnent de « ventes de charité » et de cadeaux destinés à des déshérités… Est-ce une façon indirecte de se déculpabiliser de ce « gaspillage cérémoniel » que nous pratiquons allègrement, pendant cette période ?…

Thomas Nast, Un Bambin suspend sa chaussette pour y recevoir des cadeaux. *Dessin pour le Harper's Weekly*, 1876.

UN JOUR QUE DES MATELOTS ÉTAIENT EN PÉRIL, ET QUE, LES YEUX PLEINS DE LARMES, ILS DISAIENT : « NICOLAS, SERVITEUR DE DIEU, SI CE QUE NOUS AVONS APPRIS DE VOUS EST VRAI, FAITES QUE NOUS EN RESSENTIONS L'EFFET. » AUSSITÔT, LEUR APPARUT QUELQU'UN QUI RESSEMBLAIT AU SAINT : « ME VOICI, DIT-IL ; CAR VOUS M'AVEZ APPELÉ. » ET ILS SE MIT À LES AIDER DANS LA MANŒUVRE DU BÂTIMENT, SOIT AUX ANTENNES, SOIT AUX CORDAGES, ET LA TEMPÊTE CESSA AUSSITÔT.
LES MATELOTS VINRENT À L'ÉGLISE DE NICOLAS, OÙ, SANS QU'ON LE LEUR INDIQUÂT, ILS LE RECONNURENT, QUOIQUE JAMAIS ILS NE L'EUSSENT VU. ALORS ILS RENDIRENT GRÂCES À DIEU ET À LUI DE LEUR DÉLIVRANCE : MAIS LE SAINT L'ATTRIBUA À LA DIVINE MISÉRICORDE ET À LEUR FOI, ET NON À SES MÉRITES.

JACQUES DE VORAGINE, *LA LÉGENDE DORÉE*, 1261-1266.

Saint Nicolas, patron des marins, apaisant miraculeusement la tempête, selon la tradition orientale,

XVIIe *siècle. Fresque provenant d'une église de Delphes.*

Icône russe, saint Nicolas et dix-huit scènes représentant sa vie et ses miracles, XVe-XVIe *siècle*.
Détrempe sur bois. *Musée National* Russe, *Saint-Pétersbourg*.

Ils étaient trois petits enfants
Qui s'en allaient glaner aux champs
Tant sont allés, tant sont venus
Que sur le soir se sont perdus
S'en furent frapper chez le boucher :
« Boucher, voudrais-tu nous loger ?

– Entrez, entrez, petits enfants
Y a de la place assurément. »
Ils n'étaient pas sitôt entrés
Que le boucher les a tués
Les a coupés en petits morceaux
Mis au saloir comme pourceaux.

Mais au bout de sept ans passés
Saint Nicolas vint à passer.
S'en fut frapper chez le boucher :
« Boucher, voudrais-tu me loger ?
– Entrez, entrez, saint Nicolas
Y a de la place, il n'en manque pas. »

Il n'était pas sitôt entré
Qu'il a demandé à souper,
« Du petit salé je veux avoir
Qui est depuis sept ans dans le saloir. »
Quand le boucher ouït cela
Hors de chez lui, il se sauva.

« Boucher, boucher ne t'enfuis pas
Repens-toi, Dieu te pardonnera. »
Saint Nicolas alla s'asseoir
Dessus le bord de ce saloir
« Petits enfants, qui dormez là,
Je suis le grand saint Nicolas. »

Le saint étendit trois doigts
Les enfants se levèrent tous trois.
Le premier dit : « J'ai bien dormi »
Le second dit : « Et moi aussi »
Et le troisième répondit :
« Je me croyais au Paradis. »

« LE MIRACLE DE SAINT NICOLAS », CHANSON POPULAIRE MISE À LA MODE PAR GÉRARD DE NERVAL, 1840.

Saint Nicolas, *imagerie des Vosges, fabrique Pelerin.*
Musée des Arts et Traditions Populaires, Paris.

La Visite de saint Nicolas

C'était la nuit de Noël
Pas le moindre petit bruit
Dans la maison rien ne bouge
Pas même le trot d'une souris

Les chaussettes ont été accrochées
Avec soin devant la cheminée
En attendant saint Nicolas
Qui doit bientôt passer par là.

Saint Nicolas, *début XXe siècle. Chromolithographie.*

Tandis que dans leurs lits
Les enfants se sont blottis
Leurs esprits s'émerveillent
Des friandises dont ils rêvent.

Maman et moi en bonnet de nuit
Nous étions juste endormis,
Bon oreiller et nuit d'hiver
Font le sommeil paisible.

Quand soudain j'entendis
Sur la pelouse un tel raffut
Que je sautais hors de mon lit
Pour aller me mettre à l'affût.

Comme un éclair je me précipitai
Pour ouvrir fenêtres et volets.

Le Père Noël apporte les cadeaux, *fin XIXe siècle. Chromolithographie.* Coll. Kharbine-Tapabor.

Toutes choses devant moi
Drapées de neige fraîche
Brillaient comme en plein jour
Sous l'éclat de la lune.

Tandis que mes yeux s'émerveillaient
Devant ce paysage,
Apparut un tout petit traîneau
Tiré par huit rennes minuscules.

À la vivacité et à l'agilité
Du petit vieux qui conduisait,
Je devinais tout aussitôt
Que c'était là saint Nicolas.

Il sifflait, criait et interpellait
Son attelage féérique
Qui filait plus vite que les aigles :
Vas-y Fougueux ! Vas-y Danseur !
Vas-y Fringant et toi Grincheux !
Allez Comète ! Allez Cupidon !
Allez Furieux et toi Lourdaud !

Sautez par-dessus l'auvent !
Sautez par-dessus le balcon !
Escaladons !
Pressons ! pressons !

Alors d'un seul élan,
Rennes, traîneau et puis saint Nicolas,
Se retrouvèrent ainsi
En haut du toit.

Et j'entendis alors, dans un éclair,
Les petits sabots qui piaffaient
et caracolaient
Sur le toit qui résonnait
Tout autour de la cheminée.

Comme je me retournais,
Éberlué,
Je vis sortir saint Nicolas
Bondissant hors de la cheminée.

Tout de fourrure vêtu
Des pieds jusqu'à la tête,
Et ses habits étaient ternis
Par la cendre et par la suie.

Avec son balluchon de jouets
Flanqué sur son épaule,
Il avait l'air d'un chiffonnier
Paré pour le marché.

Ses yeux, comme ils brillaient !
Ses fossettes joyeuses,
Ses pommette fleuries,
Et son nez, telle une cerise, rutilait !

Sa drôle de petite bouche
Avec ses lèvres gourmandes
S'entourait d'une barbe blanche,
Plus blanche que la neige !

Il tenait le bout de sa pipe
Bien serré entre ses dents,
Et la fumée l'auréolait
Comme un vieux saint qu'il était.

Il avait un large visage,
Une petite bedaine toute ronde,
Qui tremblotait comme de la gelée
Quand le rire le secouait.

Il était joufflu et dodu à souhait,
Ce joyeux petit elfe,
Et il me fit bien rire
Lorsque je l'aperçus.

Et un clin d'œil,
Un signe de la tête,
Me firent vite comprendre
Que je n'avais rien à craindre.

Il n'ajouta pas un seul mot
Au travail se mit aussitôt,
Vidant son sac
Pour remplir toutes les chaussettes.

Et dès qu'il eut fini,
Il me fit un petit salut,
Et se frottant les mains
Il partit par le même chemin.

Sautant dans son traîneau
Il siffla son attelage ;
Ils s'envolèrent au loin
Comme un chardon dessus la dune.

Mais je l'entendis encore crier
Avant de s'éloigner de ma vue :
À tout, à tous, bonne nuit,
Joyeux Noël à tous !

Père Noël aux jouets, XIXe *siècle.*
Coll. Hanson, Surrey.

THOMAS NAST, 1822.

Noël

Grâce à des amitiés jeunes, grâce aux enfants de mes amies et à ceux qui jouent dans le jardin du Palais-Royal, je ne perds pas tout contact avec l'enfance d'aujourd'hui. Malgré les soucis alimentaires, malgré ce terrible appétit de la jeunesse, qui renaît à peine comblé, ils n'ont pas perdu toute fantaisie dans le souhait, ceux qui, avec le léger rire des sceptiques âgés de six à dix ans, font encore crédit au « Père Noël », non sous son apparence humaine, chenu et carapaçonné d'une hotte pleine, mais sous son aspect vague et éblouissant de miracle ambulant. C'est à ceux là que j'aime demander : « Qu'est-ce que tu voudrais pour Noël ? » Car il faut les questionner sous une forme évasive et se garder par exemple de dire : « Qu'est-ce que le Père Noël va t'apporter ? » Il est élémentaire aussi de ne pas accueillir leurs réponses avec un rire d'ironie, un rire de parents et un mot de parents : « Mon Dieu, mon pauvre petit, où vas-tu chercher des idées si bêtes ! »... « Vous entendez ce que dit Janine ? Je me demande si cette enfant n'est pas un peu piquée ! Savez-vous ce qu'elle voudrait pour Noël ? » Non, madame, je n'en sais rien, et je n'ai pas souci de l'apprendre par votre bouche. La « piquée » me le dira si elle me juge digne de sa confiance, et je n'éclaterai pas de rire, et je ne hausserai pas les épaules. Déjà j'ai dans ma mémoire une liste d'étrennes et de cadeaux de Noël que vous trouveriez étrange, car vous avez perdu cette charmante fantaisie qui faisait de vous, à l'âge de quatre ans, un si étonnant petit personnage – du moins, c'est votre mère qui l'affirme.

COLETTE, *BELLES SAISONS*, 1873-1954.

Saint Nicolas, *personnage articulé à découper*, 1860. Coll. privée.

Réjouissez-vous,
j'ai vu Christkindel !
Réjouissez-vous, j'ai vu
Christkindel !
Cette jeune fille au nez
tout rougi par le froid
est venue des forêts enneigées.
Elle tirait derrière elle,
de ses petites mains endolories,
un sac trop lourd pour elle,
qui traînait sur le sol avec bruit.
Vous voudriez bien savoir
ce que ce sac contenait ?
À son air espiègle
et son regard coquin
on s'imaginait que le sac allait
bientôt s'ouvrir...
Mais non ! Il restait
solidement fermé !
Pourtant, il devait contenir
de bien jolis présents !
Une bonne odeur de noix
et de pomme s'en échappait...

COMPTINE AUTRICHIENNE.

L'arrivée de Christkind, 1896. *Gravure sur bois, d'après une aquarelle de* A. Brunner. *Collection* Archiv für Kunst und Geschichte, Berlin.

Leur Christmas n'en a pas moins la gaieté d'une noce et l'éclat d'une cérémonie. C'est d'abord la fête des enfants – à Londres aussi bien qu'à Paris – et l'Angleterre, qui a tant de défauts, les rachète tous d'un coup, à mes yeux, par son respect de la liberté et de la gaieté de l'enfance. Au jour de Noël, la *respectability* et le *cant* abdiquent devant la souveraineté des marmots, avec une belle humeur et une bonne grâce qu'on ne soupçonnerait pas chez ces mamans qui ont l'air si insignifiant et si froid, chez ces papas qui aiment tant à avoir le menton scié par leur col, les dents crispées, l'air grave – les dauphins sont rois ! Les Anglais aiment la marmaille, petits garçons, petites filles, à la bonne manière ; on les laisse jouer, crier, s'empiffrer, se battre : tant pis pour eux ! On ne leur fait pas la leçon et on ne les gronde pas (dans leur intérêt) comme en France. Quelle fête autour des cadeaux de Christmas devant les belles gravures, et sous le dangereux *misteltoe* !

JULES VALLÈS, « CHRISTMAS », *LA RUE À LONDRES,* 1884.

Adam et Ève décorant l'arbre, *lithographie réalisée d'après un tableau de Marie Wunsch, v.* 1895.

Mais l'on entendit frapper,

et ce fut le signal d'une telle ruée que la jeune fille, riant toujours et les vêtements en désordre, fut entraînée vers la porte par le groupe des enfants turbulents au visage empourpré, juste à temps pour accueillir leur père qui rentrait, suivi d'un homme chargé de jouets et de cadeaux de Noël.

Alors quels cris, quelles batailles, quels assauts livrés au porteur sans défense ! Ce fut à qui l'escaladerait, en se servant de chaises comme d'échelles, pour plonger dans ses poches, le dépouiller des paquets enveloppés de papier d'emballage, s'accrocher à sa cravate, l'étrangler en la lui entourant autour du cou, lui donner des coups de poing dans le dos et des coups de pied

Le Matin de Noël,
gravure réalisée d'après un tableau de Viktor Carstens peint en 1905.

dans les jambes, en signes d'irrépressible affection. Quels cris d'émerveillement et de joie saluèrent l'ouverture de chaque paquet ! La terrible nouvelle que le bébé venait d'être surpris au moment où il s'enfonçait une poêle à frire de poupée dans le gosier, et qu'on le soupçonnait fortement d'avoir déjà avalé une petite dinde en carton collée sur une assiette en bois ! L'immense soulagement lorsqu'on découvrit que c'était une fausse alarme ! Leur joie, leur gratitude, leur émerveillement ne sauraient se décrire. Disons seulement que peu à peu les enfants et leur émoi quittèrent le salon et, marche par marche, montèrent l'escalier jusqu'en haut de la maison ; là, ils se couchèrent et tout redevint calme.

CHARLES DICKENS, *UN CHANT DE NOËL*, 1843.

Mon cher petit amour je t'envoie pour tes étrennes de jolis petits livres d'images et des albums, et puis un petit calepin bien gentil. Il y a un livre et un album pour Léontine. Embrasse-la pour moi, et toi, gros minet je te souhaite une bonne année. Grandis bien, travaille bien, joue bien, et aime toujours bien ta vieille mère qui n'aime rien au monde plus que toi et ta sœur. Ta sœur dit qu'il faut aussi te souhaiter la bonne année de sa part. Elle est toujours mignonne et se porte bien. Elle est toute rose dans son petit lit et elle y dort douze heures. Moi je suis bien aussi dans mon appartement. Je voudrais bien t'y tenir et te fourrer dans un coin de mon lit, et te faire valser au son de mon grand piano qui fait du bruit dix fois comme celui de Nohant, dis à ton papa que je suis bien contente de l'avoir et que je l'en remercie encore, embrasse-le de ma part, le matin du jour de l'an. Entends-tu ? N'oublie pas.
Embrasse aussi ce bêtat de Boucoiran et dis-lui que je lui écrirai bientôt. Tâche de bien profiter du temps que tu as encore à passer avec lui. Tu ne trouveras pas toujours des maîtres aussi doux et aussi patients que lui. Pour qu'on s'attache à toi, il faudra que tu sois un bien bon sujet.
Adieu mon gros chat. Ne t'enrhume pas, donne une gifle à ton chien de ma part, s'il est encore en vie, aies-en soin, puisqu'il te vient de moi, il faut y tenir un peu. Moi je conserve précieusement tout ce que tu me donnes. J'ai de tes premiers gribouillages, je te les montrerai quand tu seras grand. Cela te fera bien rire.
Adieu chéri, je t'embrasse mille fois.

Paris, 29 décembre 1832.

GEORGE SAND, *CORRESPONDANCE*, 1832.

Gustave Doré, La Nuit de Noël, 1833-1883. *Musée du Louvre, Paris.*

Noël ! Noël ! Voici le Rédempteur !
Je vois encore la cathédrale de ma petite ville pleine de paysans à grands chapeaux et de paysannes à grandes coiffes, qui apportaient dans l'odeur de l'encens celle des étables, plus sainte, ce jour-là, que les senteurs d'église. N'est-ce pas dans une étable que la légende fait naître celui qu'elle appelle le Fils de Dieu ? C'est avec du fumier que le catholicisme – habile flatteur du peuple – a doré les pieds du berceau. Il y a un bœuf, un âne, des moutons, les bêtes des champs, devant la crèche où dort le Jésus de cire : une cire qui a un peu fondu depuis Voltaire !

C'est presque une fête de la nature, à laquelle la religion romaine ajoute son luxe à demi mondain ; comme si, à côté du berceau, elle voulait faire apparaître les joies du paradis, plein de musique et de lumière.
Le temple réformé est froid et nu à l'heure solennelle (*Minuit, chrétiens*). On ne va pas enivrer sa piété de mélodie et de parfum, sous l'œil strié de rouge des grands vitraux.
En France, on part en bandes, par un ciel plaqué de noir ou criblé d'étoiles, et au retour, commencent les joies des ripailles.
Les protestants anglais ne plantent pas la bougie du réveillon dans le chandelier tout chaud de l'agonie des cierges.

JULES VALLÈS, « CHRISTMAS », *LA RUE À LONDRES*, 1884.

Franz Ignaz Pollinger, Le Premier Arbre de Noël à Ried, 1848. *Huile sur toile. Maison d'ethnologie, Ried.*

John Latham, La Veille de Noël, au soir, 1878. *Lithographie. Library of Congress, Washington.*

La neige à travers la brume
Tombe et tapisse sans bruit
Le chemin creux qui conduit
À l'église où l'on allume
Pour la messe de minuit.

Londres sombre flambe et fume ;
Ô la chère qui s'y cuit
Et la boisson qui s'ensuit !
C'est Christmas et sa coutume
De minuit jusqu'à minuit.

Sur la plume et le bitume,
Paris bruit et jouit.
Ripaille et plaisant déduit
Sur le bitume et la plume
S'exaspèrent dès minuit.

Le malade en l'amertume
De l'hospice où le poursuit
Un espoir toujours détruit
S'épouvante et se consume
Dans le noir d'un long minuit...

La cloche au son clair d'enclume
Dans la tour fine qui luit,
Loin du péché qui nous suit,
Nous appelle en grand costume
À la messe de minuit.

PAUL VERLAINE, *BONHEUR*, 1891.

Shakespeare est le dernier auteur anglais à se faire l'écho d'anciennes traditions populaires. On retrouve, dans *Le Soir des rois*, le même esprit qui anime la Fête des Fous, entre Noël et le Nouvel an. On y conserve l'idée d'un renversement de l'ordre social, puis de sa restauration, comme au temps des anciennes Saturnales.

La fête des Rois...

SIR TOBIE, chantant :

Oh ! le douzième jour de décembre.

MARIA.

– Pour l'amour de Dieu, silence !

Entre Malvolio.

MALVOLIO.

– Mes maîtres, êtes-vous fous ? ou bien qu'êtes-vous ? N'avez-vous ni entendement, ni savoir-vivre, ni civilité, pour brailler comme des chaudronniers à cette heure de la nuit ? Prenez-vous la maison de madame pour un cabaret, que vous hurliez ainsi vos airs de ravaudeurs sans aucune modération ni remords de voix ? Ne respectez-vous ni lieu ni personne ? N'avez-vous aucun sens de la mesure ?

SIR TOBIE.

– Nous avons observé la mesure, monsieur, dans notre trio. Au diable !

Pieter *Brueghel le Jeune*, L'Hiver, 1622-1635. *Huile sur bois. Musée* National *d'Art*, Bucarest.

MALVOLIO.

— Sir Tobie, je dois être franc avec vous. Madame m'a chargé de vous dire que, bien qu'elle vous recueille comme son parent, elle n'est en rien alliée à vos désordres. Si vous pouvez vous séparer de vos débordements, vous serez le bienvenu à la maison ; sinon, s'il vous plait de prendre congé d'elle, elle est toute disposée à vous faire ses adieux.

WILLIAM SHAKESPEARE, *LE SOIR DES ROIS, II, 3,* 1606.

Adam, Ève et l'Arbre de la connaissance,

XIXe *siècle. Peinture sous verre. Coll. privée,* Roumanie.

La colinda du Serpent

Sur le territoire du serpent
Oi, lereoi, ler, mon Seigneur
Du serpent entortillé,
Enchevêtré et irrité,
Sur trois chemins, il a sévi,
Nombreux seigneurs a appauvri,
Des dames rendu veuves éplorées,
Dommage pour leur blonde beauté
Et leur chevelure dorée !
Mais Nicolas, homme brave, hors pair,
Ouvrit l'étable de pierre
Afin de voir son étalon,
Fier dans sa robe marron.
Et cette fois il le nourrit,
De foin qui, un jour sacré, avait fleuri
Et avait été ramassé par trois jeunes filles.
En guise de graines, il lui présenta
Du blé rougeâtre, mesuré
Dans une coupe de bois sculpté.
À boire, il ne lui donna
Que du vin rouge clarifié
Et mesuré
Dans un baquet.
Après il le peigna
Et, dehors, il le sella...
Pas d'une selle, mais de deux !
Puis il le sangla...
Pas d'une sangle, mais de deux !
Et, enfin, il le serra...
Pas d'un frein, mais de deux !
Et puis, il s'arma,
D'une massue à la hanche,
Et à la main, d'une lance.
Pieusement, il se signa,
Sur l'étalon aubin, il monta,
Et au chemin, il s'attaqua...
Un triste chemin abandonné,
Aux mauvaises herbes livré.
La mi-chemin parcourue,
La mi-chemin, peut-être moins,
Le serpent le vit de loin,
Ce serpent entortillé,
Enchevêtré et irrité,
Qui, sur trois chemins, a sévi,
Nombreux seigneurs a appauvri,
Des dames a rendu veuves éplorées,
Dommage pour leur blonde beauté
Et leur chevelure dorée !
Mais Nicolas, homme brave, hors pair,
En selle, paraissant encore plus fier,
Fermement s'installa,
De toute ses forces se crispa,
Et la massue envoya,
En pleine gueule, au milieu.
Qui pourrait faire mieux ?
Et sa lance, il la pointa,
Dans la poitrine de l'animal,
Là où cela fait très mal !
De son glaive, il le trancha,
En trois tas, il le rangea.
Et la tête du dragon sur sa lance,
Le chemin du retour, il commence,
Sous les branches de pommiers,
Pommiers et poiriers,
S'arrêtant chez des gens hospitaliers,
Chez vous, Seigneurs attablés,
Juste en train de le fêter !
Tout le monde alors lui souhaita :
« Bonheur à toi, Nicolas,
Et à tous ceux qui t'ont élevé.
Car tu es un brave hors pair,
Encore plus beau et plus fier !
Nos vœux de prospérité
et de santé
te sont consacrés ! »

CHANT POPULAIRE ROUMAIN.

La petite Charrue

Aho, aho, les jeunes, mes frères,
Veuillez bien vous arrêter,
À côté des bœufs vous reposer
Et ma parole écouter :

Il y a une année
que père Trajan s'est levé
et son cheval a monté :
un cheval bien dressé,
nommé Graur,
sellé d'or
bridé de soie.
Dès qu'il le monta,
dans la selle, il se dressa,
la plaine longuement scruta.
Un lieu pur, il chercha
pour y labourer
et pour y semer.

[...]

Tout comme, il y a une année,
Le Seigneur a bien comblé
Trajan, d'abondance de blé,
qu'il en soit chez vous de même :
[...] et l'année prochaine
que vous viviez,
que vous fleurissiez
comme les pommiers,
comme les poiriers,
au cœur de l'été !

PLUGUSOR,
POÉSIE POPULAIRE ROUMAINE.

*Yvan Skolozdra, trois enfants, déguisés en rois, entonnent des koladki. Les esprits de la nature surgissent des arbres afin de participer à la fête, XX*e *siècle. Peinture sous verre. Ukraine occidentale.*

24
12
Haco 170

L'Europe Septentrionale

Dans les contrées nordiques de l'Europe, de l'Oural à l'Islande, les Slaves de l'Est, les Russes blancs et les Scandinaves encadrent, parfois d'une façon étouffante, les peuples Baltes (Lithuaniens et Lettons) et les différentes ethnies finno-ougriennes (Finnois, Estoniens, Caréliens, Komis, etc.). La corniche arctique de l'Europe, de la Norvège à la Russie, constitue la Laponie, occupée par les différentes peuplades Sammi. Évangélisé à partir du xe siècle, mais christianisé lentement, l'ensemble des « Nordiques » se délecte de cosmogonies particulières, aux mythes de création variés et vivaces jusqu'au début du xxe siècle. L'isolement hivernal des hameaux parsemés dans ces espaces inhospitaliers a largement contribué à la conservation de coutumes « archaïques et païennes ». L'orthodoxie et le protestantisme sont ici les confessions dominantes, hormis quelques enclaves catholiques, surtout dans les pays baltes, tandis que les croyances aux pouvoirs des chamans et le respect des « divinités » de la nature sont toujours détectables parmi les Finno-ougriens, malgré la répression, chrétienne au départ, communiste par la suite.

Carte postale,
Arbres de Noël.
Musée des Arts et Traditions Populaires, Paris.

École de Fédoskino,
Nativité, 1993.
Œ*uf. Coll. privée.*

Le message de la Nativité fut ici rapidement intégré dans les rites anciens, inspirés par l'amoindrissement du jour pendant la période hivernale, qui transforme radicalement les conditions de vie et concentre la famille dans l'abri des logis. Dans les étendues infinies des plaines russes, les sapins alternent avec les troncs blanchâtres des bouleaux et la neige recouvre une terre gelée, difficile à creuser pour enterrer les morts de la saison ; ils étaient jadis conservés, en marge des villages, dans des cabanes provisoires, jusqu'au dégel. Il n'est donc pas étonnant que les rites de commémoration soient étroitement liés à Noël : les repas solennels, le soir du 24 décembre, s'organisaient partout, réunissant les familles étendues ; on partageait le « pain sacré » et la *koutia*, sorte de gâteau fait de grains de céréales, entre tous les membres vivants, présents ou absents, et même avec les trépassés, dont on gardait encore le souvenir. L'iconostase, suivant la tradition orthodoxe, constituait l'épicentre de la festivité ; une profonde piété a inspiré le culte des icônes, surtout celles de la Nativité.

Jadis, pendant les *Sviatki*, le cycle des « douze jours », des « confréries » de jeunes déguisés imitaient des enterrements rituels. La personne « enterrée » ressuscitait alors grâce au pouvoir d'incantations, à l'intervention d'un ours, d'une chèvre ou de tout autre animal rituel, ou, plus prosaïquement, sous l'effet d'aspersions avec de l'alcool fort... Chants gaillards et gesticulations à connotation sexuelle faisaient aussi partie de la fête où les *koliadki*, chants saisonniers, destinés à réveiller la joie de vivre, semblaient indispensables. Pendant les veillées durant les douze jours, les « cortèges de chèvres » introduisaient un brin d'érotisme, tandis que le « jeu du taureau » assurait la fertilité de la terre, ainsi que le « sacrifice » de cochons de lait, mets coutumier pour ces fêtes. On déclamait les incantations appropriées et, surtout, on prononçait un vœu de magnificence : *Rodzhestvom Kristovom*, « le Christ est né ».

Mais, le trait constant dans les cultures slaves est la pratique de la divination, pendant ce temps « sacré » qui facilite la communication entre les trois mondes : les Cieux, la Terre et les Enfers. Jadis, la *Babouchka*, la vieille grand-mère, se chargeait des cadeaux pour les enfants, remplacée, pendant la période communiste, par le « Père de Gel », pâle imitation du Père Noël capitaliste.

Les Scandinaves, protestants dans leur majorité, insistent beaucoup sur la valeur familiale des fêtes de fin d'année. Elles commencent par la Sancta Lucia, la Sainte-Lucie, le 13 décembre. Cette commémoration correspond à la date

Carl Larsson, Brita, 1901.

solsticiale, suivant le calendrier julien, valable ici jusqu'au XVIIIe siècle. Par ailleurs, même en France, un dicton populaire soutient toujours que « À partir de la Sainte-Lucie, le jour grandit ». Lucie, la Lucifère des traditions siciliennes, s'est certainement confondue ici avec la femme vertueuse et nourricière de la légende. Pendant une éprouvante famine, jadis endémique en Scandinavie, cette femme, sortie du « néant », a nourri les populations affamées de la campagne en distribuant un gâteau… Ce même gâteau est, de nos jours, rituellement offert par les multiples « Lucies », ces jeune filles dont le front est ceint de couronnes de résineux illuminées de bougies ; dans les sombres matinées de la mi-décembre, vêtues de blanc, ces « Lucies » font leur entrée cérémoniale dans les salons des maisons et, par extension, dans les écoles et les entreprises ; en guise de vœux et dans l'attente de Noël, elles apportent des gâteaux parfumés.

On fête Noël avec des repas rituels copieux, à l'instar des commensalités solsticiales anciennes, pendant lesquelles la bière coulait à flots, tandis que poissons et cochonnailles circulaient à profusion parmi les convives. La paille, symbole de fertilité, est omniprésente dans la décoration des maisons : on s'en sert pour fabriquer le *Julboc*, le « bouc de Noël », enrubanné de tresses rouges, et les suspensions qui, accrochées au plafond, s'animent et frémissent au premier courant d'air. Toutes les fenêtres sont décorées de papiers découpés, illustrant les thèmes christiques, et sont éclairées de chandelles à cinq branches. Jadis, on répandait sur le sol de la cuisine de la paille et toute la famille abandonnait, le soir du 24 décembre, la chaleur des lits pour dormir sur cette couche rude, en guise de pénitence et en l'honneur de l'Enfant Jésus, né pendant cette nuit dans une étable. Les enfants annoncent la Nativité avec des étoiles et des boules de paille dorée fixées au sommet de hampes, reprenant ainsi des rites anciens.

Le culte des morts est toujours pratiqué en Norvège, où la visite des cimetières et la décoration des tombes occupent, le jour de Noël, une place importante. Les revenants prennent, dans les cultures scandinaves, la forme de *Tomtes*, sortes de petits lutins et de gnomes, fréquents aussi en Bretagne.
Ce sont des esprits malins, semblables aux *callicantzari* balkaniques, qui se contentent de nuire pendant les douze nuits, au cœur de la saison hivernale.
En Islande, les *tomtes*, au nombre de treize, sortent de leurs abris, à la Sainte-Lucie, et jouent mille tours aux enfants et aux adultes jusqu'au jour de Noël.
Les Scandinaves ont facilement adopté l'arbre de Noël. La coutume locale voulait que l'on décorât, avec des illuminations, le sapin le plus proche de la maison, pour indiquer que toutes les tâches festives étaient accomplies et pour annoncer à tout visiteur éventuel qu'il serait chaleureusement accueilli. C'est au pied de l'arbre, cette promesse d'un printemps prochain, que l'on dépose les cadeaux, apportés par un *Jultomte*, un Père Noël maigrichon et barbu qui daterait des temps immémoriaux. Le vingtième jour après Noël, à la Saint-Knut, les Scandinaves mettent fin aux festivités de Noël : le « sapin dépouillé » est jeté dehors, et les décorations de Noël sont empaquetées pour l'année prochaine. C'est aussi l'occasion d'une dernière réjouissance enfantine accompagnée par le couplet suivant :

> Joyeux Noël est fini, fini
> Et le sapin est sorti,
> Mais dans l'an d'ici
> Reviendra notre vieil ami,
> Car il l'a promis.

Étendard ou « guidon » de la société Mère-Folle de Dijon, XVe ou XVIe siècle.

Enfin, c'est en Finnmark, juste à la latitude de la zone arctique, que se trouve le village du Père Noël, d'invention moderne, ô combien commerciale !

Koliada

La Koliada est passée
À la veillle de Noël
Oh, ma vigne rouge et verte !
Comme poudre est tombée
La neige blanche ;
Telles les oies sauvages
Volant dans cette poudre
Les chanteurs de koliada,
Tous des garçons
Tous des garçons
De belles jeunes filles,
Ont erré, ont cherché
La demeure d'Ivan.
La demeure d'Ivan
N'est ni près ni loin
Sur sept piliers est montée,
D'une enceinte d'argent
Est entourée.
Alentour l'enceinte
Croît l'herbe soyeuse.
Chacun des piliers
De perles est planté.
Enclos dans l'enceinte
Se dressent trois terems
À la coupole d'or.
Dans le premier terem,
Luit le clair croissant,
dans le deuxième terem,
Brille le soleil resplendissant,
Et dans le troisième terem,
Les étoiles scintillantes.
Le clair croissant,
C'est le maître du logis ;
Le soleil resplendissant,
C'est la dame du logis ;
Et les étoiles scintillantes,
Les enfants encore petits.
Mais le maître du logis
Au loin est parti,
Au loin est parti,
À Moscou s'en est allé
Rendre la justice,
Rendre la justice,
Établir les lois.
Une fois sa tâche remplie,
À la maison est retourné,
À sa femme a rapporté
Pelisse et chapka de martre,
À chacun de ses fils
Cheval bien fringant,
À chacune de ses filles
Couronne toute d'or,
À chacun de ses valets,
Paire de bottes bien lustrée.

P. V. Chéïne, Le Grand-Russe, XIXe siècle.

Art russe, Nativité, *feuillets ajoutés au psautier d'Egber, évèque de Trèves.*

Museo Archeologico Nazionale, Cividale-Del-Friuli.

LE dernier jour avant Noël était passé. La nuit, une claire nuit d'hiver, était venue. Les étoiles parurent. La lune, majestueusement, s'éleva dans le ciel pour éclairer les gens de bien et l'univers tout entier, et pour que chacun eût plaisir à chanter des noëls sous les fenêtres et à glorifier le Christ. Le froid était plus vif qu'au matin ; mais en revanche, il régnait un tel silence, que le crissement de la neige sous les bottes s'entendait à une demi-lieue. Pas une seule bande de jeunes garçons ne s'était encore montrée sous les fenêtres ; la lune seule y glissait çà et là un regard à la dérobée, comme pour inviter les jeunes filles en train de s'attifer à sortir au plus vite dans la neige crissante. C'est alors que, jaillissant d'une cheminée, des volutes de fumée s'élevèrent comme un nuage dans le ciel, et, avec elles, une sorcière à cheval sur son balai.

GOGOL, « LA NUIT DE NOËL »,

LES SOIRÉES DU HAMEAU, 1831.

V. E. *Starkova*, *École de Mstiora*, La Nuit de Noël, 1979. *Cassette*. *Coll. privée*.

Par-delà la rivière rapide
Oï koliadka, oï koliadka !
Se dressent de sombres forêts,
Dans ces forêts brûlent des feux,
Brûlent des grands feux.
Autour des feux sont posés des bancs,
De solides bancs de chêne.
En rond sont assis de vaillants gaillards,
de vaillants gaillards, de belles filles,
Chantant des chansons, des vieilles koliadki,
Oï koliadka, oï koliadka !
Au milieu d'eux est un homme âgé
Qui aiguise son couteau d'acier.
La marmite bout à gros bouillons.
Tout près se tient un bouc,
Un bouc que l'on veut égorger,
Oï koliadka, oï koliadka !
Écoute, petit frère Ivanouchka,
Sors de là, enfuis-toi d'un bond !
M'enfuir, je le voudrais,
Mais une pierre brûlante
Tout au fond m'entraîne,
Et les sables jaunes
Me dévorent le cœur,
Oï koliadka, oï koliadka !

SAKHAROV, *LES LÉGENDES.*

Déguisement en chèvre, illustration pour Le Roman d'Alexandre, XIVe *siècle. The Bodleian Library.*

Là où va la chèvre

Là pousse le blé,

À chaque coup de queue

Voilà une gerbe prête,

À chaque coup de pied

Se dresse une moyette,

À chaque coup de corne

C'est une meule de faite.

P. V. CHÉÏNE, *MATÉRIAUX,* 1877.

UN REPAS SUÉDOIS

LA VEILLE de ce grand jour, on s'assemblait autour d'un large chaudron dans lequel étaient bouillis des jambons, des poitrines de bœuf. Le repas consistait en pain frais imbibé de graisse. À deux heures l'étude était chauffée pour un véritable bain finnois. Les domestiques se baignaient à la première chaleur, que l'on croyait la moins salutaire. Venaient ensuite le prévôt et sa famille... Une transpiration légère s'ensuivait, et l'on se rafraîchissait avec une bonne vieille bière de mars mêlée de miel et anisée, où trempaient des petits morceaux de pain de Noël. À cinq ou six heures du soir, on faisait un grand feu flamboyant, et on couvrait en même temps tout le plancher d'une épaisse couche de paille de seigle. Ensuite tout le monde s'habillait comme pour une noce. Le prévôt et sa femme étaient les hôtes, les enfants et les domestiques leurs convives. Sur les tables servies, on allumait une chandelle pour chaque personne. Le prévôt prononçait un petit discours en demandant au ciel des fêtes heureuses. La prévôte présentait le pain et le prévôt l'eau-de-vie. On faisait la prière commune et on se mettait à table. Le premier mets était un poisson poivré trempé dans la lessive. Puis on versait la soupe de Noël : c'était du lait où on avait fait bouillir un dos de porc frais. Après le souper venait le gruau de Noël, en usage dans toute la chrétienté, parsemé d'anis, de sucre et de raisins. Au milieu était un petit trou rempli de beurre qui fondait. Tous mangeaient au plat, il était permis à chacun de tremper la cuillère au centre. Le rôti était un carré de porc grillé et le repas finissait par une tarte.

ARTICLE PARU DANS « LE MAGASIN PITTORESQUE », 1863.

Carl Larsson, La Veille de Noël, 1904-1906. *Aquarelle extraite de* Spadarfvet.

Le sapin fut dressé dans un tonneau rempli de sable, mais personne ne pouvait voir que c'était un tonneau, car il était enveloppé d'une étoffe verte, et il était posé sur un grand tapis bariolé. **Oh, comme l'arbre** était frémissant ! Qu'allait-il devenir ? Des domestiques et des demoiselles se mirent à le parer. À une branche pendaient des petits filets découpés dans du papier de couleur ; chaque filet était rempli de bonbons ; des pommes et des noix dorées étaient accrochées comme si elles avaient poussé là, et plus de cent petites lumières rouges, bleues et blanches, étaient fixées dans les rameaux. **Des poupées**, qui avaient tout à fait l'air d'être des personnes – l'arbre n'en avait jamais vu –, se tenaient en l'air dans la verdure, et tout en haut, à la cime, fut placée **une grande étoile** de clinquant ; c'était superbe, tout à fait magnifique.

HANS CHRISTIAN ANDERSEN, *LE SAPIN,* 1805-1875.

Ludwig Richter, La Nuit du Christ, 1855. *Dessin et aquarelle.*

Staatliches Kupferstichkabinett, Dresde.

Et in terra pax

Bibliographie

p. 26-27 : *Le Nouveau Testament*, trad. d'après les textes originaux de l'Abbé A. Crampon, Société de S. Jean l'Évangéliste,Tournai,1904.
p. 30-31 : *Le Nouveau Testament*, trad. d'après les textes originaux de l'Abbé A. Crampon, Société de S. Jean l'Évangéliste,Tournai,1904.
p.32 : *Protévangile de Jacques*, 17.3 à 20.3, in France Quéré, *Évangiles apocryphes*, coll. Sagesse, Points/Seuil, 1983, p. 79-82.
p. 34 : Francis Jammes, « On dit qu'à Noël... », *De l'Angelus de l'aube à l'Angelus du soir*, Poésie/Gallimard, 1989, p. 125-126.
p. 36 : Saint-Augustin, in Jacques de Voragine, *La Légende dorée*, Garnier/Flammarion, 1967, p. 119.
p. 38 : Nicolas Denisot, « Esprits divins... », in Henry Poulaille, *La Grande et Belle Bible des Noëls anciens*, 1942, p. 425-426.
p. 40 : Joachim du Bellay, « Sonnet du jour de Noël », in Henry Poulaille, *La Grande et Belle Bible des Noëls anciens*, 1942, p. 175.
p. 43 : Marguerite de Navarre, *Comédie de la Nativité de Jésus-Christ*, in Henry Poulaille, *La Grande et Belle Bible des Noëls anciens*, 1942, p. 388-390.
p. 45 : Psaume protestant, *Louange et Prière*, Éd. Delachaux et Miestle, p. 91.
p. 46 : Alphonse de Lamartine, « Hymne au Christ », *Harmonies poétiques et religieuses*, *Œuvres poétiques*, Bibliothèque de la Pléiade, 1977, p.407-408.
p. 49 : Théophile Gautier, « Noël », *Émaux et Camées*, Poésie/Gallimard, 2001, p.116.
p. 50 : Paul Verlaine, « Noël », *Liturgies intimes*, Œuvres poétiques complètes, Bibliothèque de la Pléiade, Gallimard, 1954, p.550.
p. 52 : Jacques de Voragine, *La Légende dorée*, Garnier/Flammarion, 1967, p. 115.
p. 56 : José-Maria de Heredia, « L'Épiphanie », *Les Trophées*, Poésie/Gallimard, 1981, p.116.
p.58 : Paul Verlaine, « Rois », *Liturgies intimes*, Œuvres poétiques complètes, Bibliothèque de la Pléiade, Gallimard, 1954, p.552-553.
p. 60 : Clément Marot, « Chanson du jour de Noël », *Chansons*, *Œuvres poétiques*, Garnier/Flammarion, 1973, p. 345.
p. 62 : Jean-Sébastien Bach, « Pour le deuxième jour de Noël », *Oratorio de Noël*, coll. Véritas, Virgin Classic.
p. 72 : « Kontakion de Romanos le Mélode », chant populaire grec, trad. par Y. de Sike.
p. 75 : « Le jour du jugement paraîtra... », in B. Ensenyat, *Chant à Majorque*, Éd. Clumba, Palma de Majorque, 1953, p.57.
p. 76 : « Haut monte la lune », in Anne Caufriez, *Romances du Tras-os-Montes*, Centre culturel Calouste Gulbenkian, Paris, 1997, p.125.
p. 79 : Alphonse Daudet, « Les Trois Messes basses », *Lettres de mon moulin*, *Œuvres*, tome I, Bibliothèque de la Pléiade, Gallimard, 1986, p.338-339.
p. 80 : Eugène Le Roy, *Jacquou le Croquant*, Le Livre de poche, 1985, p. 20-21.
p. 82 : Colette, « L'Hiver à Rome », *Paysages et Portraits*, *Belles Saisons*, Flammarion, 1985, p.261-262.
p. 85 : Charles Nodier, « Les Marionnettes », *Les Fantaisies du dériseur sensé*, *Nouvelles*, Éd. Charpentier, Paris, 1860, p. 416-417.
p. 86 : « L'Illustration », 1857, in Alfred Argence et Édith Armaingaud, *La Crèche de Noël, fêtes et traditions populaires*, Éd. M. Blanc et G. Argence, 1988, p.95.
p. 88 : « Prière à saint François », in Alfred Argence et Édith Armaingaud, *La Crèche de Noël, fêtes et traditions populaires*, Éd. M. Blanc et G. Argence, 1988, p.92.
p. 96 : Jacques de Voragine, *La Légende dorée*, Garnier/Flammarion, 1967, p. 48-49.
p. 100 : Gérard de Nerval, « Le Miracle de saint Nicolas » in Sophie Loungine, *L'Album des fêtes de Noël et du Nouvel An autour du monde*, Horay, 1995, p. 140.
p. 102-105 : Thomas Nast, « La Visite de saint Nicolas », in Sophie Loungine, *L'Album des fêtes de Noël et du Nouvel An autour du monde*, Horay, 1995, p. 162-163.
p. 106 : Colette, « Noël », *Belles Saisons*, Flammarion, 1985, p.70.
p. 108 : Chant populaire autrichien, trad. par Y. de Sike.
p. 110 : Jules Vallès, « Christmas », *La Rue à Londres*, *Œuvres*, tome III, Bibliothèque de la Pléiade, Gallimard, 1989, p.1214-1215.
p. 112-113 : Charles Dickens, « A Christmas Carol », *Christmas Book*, Oxford University Press, 1990, p. 41. Trad. par Y. de Sike.
p. 114 : George Sand, *Correspondance* (1832-*juin* 1835), tome II, Classiques Garnier, 1985, p. 204-205.
p. 116 : Jules Vallès, « Christmas », *La Rue à Londres*, *Œuvres*, *tome* III, Bibliothèque de la Pléiade, Gallimard, 1989, p.1214.
p. 119 : Paul Verlaine, « La neige à travers la brume... », poème XIX, *Bonheur*, *Œuvres*

poétiques complètes, Bibliothèque de la Pléiade, Gallimard, 1954, p.502-503.
p. 120-121 : William Shakespeare, *Twelth Night*, The Arden Shakespeare, Ed. by J. M. Lothian and T.W. Craik, 1975, p. 48-49. Trad. par Y. de Sike.
p. 122-123 : « La Colinda du serpent », *Flori ales din poezia popularа*, vol. I, Éd. Sora Ioan, Bucarest, 1967, traduit par Ileana Gaita.
p. 123 : « Le Jeu de l'Ours », in Marianne Mesnil, *Les Héros d'une fête, le beau, la bête et le tzigane*, Dossiers media, Fernand Nathan/Éditions Labor, 1981, p.145.
p. 124 : Gh. Dem Teodorescu, « Plugusor », *Poezii populare românesti*, texte n°145, Bucarest, 1885 ; traduit par Ileana Gaeta.
p. 132 : P. V. Chéïne, « Koliada », *Le Grand-Russe*, n°1030 in Vladimir Ya. Propp, *Les Fêtes agraires russes*, Maisonneuve et Larose, 1987, p.52-53.
p. 134 : Gogol, « La Nuit de Noël », *Les Soirées du Hameau*, *Les Nouvelles Ukrainiennes*, *Œuvres complètes*, Bibliothèque de la Pléiade, Gallimard, 1980, p.119.
p. 136 : Sakharov, « Par-delà la rivière rapide... », *Les Légendes*, *tome* I, *livre* 3, in Vladimir Ya. Propp, *Les Fêtes agraires russes*, Maisonneuve et Larose, 1987, p.60.
p. 137 : P. V. Chéïne, *Matériaux*, in Vladimir Ya. Propp, *Les Fêtes agraires russes*, Maisonneuve et Larose, 1987, p.131.
p. 138 : « *Le Magasin pittoresque* », 1863, in Françoise Lebrun, *Le Livre de Noël*, Robert Laffont, 1988, p.207.
p. 140 : Hans Christian Andersen, *Le Sapin*, in Françoise Lebrun, *Le Livre de Noël*, Robert Laffont, 1988, p.114.

Crédits photographiques

© AKG Paris : p. 4, 8, 9, 11, 25, 30, 31, 48, 54-55, 58, 84, 93 en bas, à droite, 98-99, 107, 108-109, 111, 112-113, 116-117, 120-121, 141
/Orsi Battaglini : p. 26
/Cameraphoto : p. 46-47
/ Werner Forman : p. 19
/Erich Lessing : p. 22, 32-33, 35, 44-45
/ Rabatti-Domingie : p. 28-29, 36-37

© Alinari-Giraudon-Bridgeman : p. 18, 46 en haut, à gauche

© Archives Hazan : p. 57, 130, 131, 137

© Bridgeman-Giraudon : p. 104-105, 118-119

© Collection Kharbine-Tapabor : p. 71, 91, 103, 123

© Collection Y. de Sike : p. 69, 97, 122

© Dagli Orti : p. 6, 23, 68, 74, 82-83

© Explorer :
/J.-L. Charmet : p. 139
/ J.-M. Labat : p. 53

© Giraudon-Bridgeman : p. 15, 77, 133

© Giraudon-Bridgeman-Art Resource, NY : p. 20, 63

© Lauros-Giraudon-Bridgeman : p.73, 86-87

© Leemage : p. 94, 102
/Fototeca Storica : p. 95

© É. de Lumley : p. 93, en haut, à gauche,124-125

© RMN : p. 90, 92, 115, 126
/M. Beck-Coppola : p. 66
/J.G. Berizzi : p. 39
/G. Blot : p. 70
/C. Jean : p. 81
/C. Jean-Schormans : p. 100-101
/Lewandowski : p. 12, 16-17, 41
/R.G. Ojeda : p. 42, 50-51, 60-61, 72, 78

© Marc Walter : p. 64, 89

© L'Oiseau de Feu : p. 128, 135

Remerciements

Expérimentation et en même temps exercice de style, cet ouvrage à l'iconographie abondante et aux sources variées, fut un plaisir, mais aussi une épreuve ; épreuve pour dépasser une certaine frustration provoquée par la nécessité des choix à opérer parmi des documents tellement merveilleux et attendrissants… Mythes, légendes, poésies, peintures, sculptures, de tous les siècles, défilent devant nous, sans fin, à l'évocation de ce temps sacré de Noël…

Ce livre fut aussi pour moi l'occasion de tester la solidité des amitiés tissées pendant ma vie parisienne. Qu'elles trouvent ici toute ma reconnaissance. Monelle et Simon Diner m'ont proposé, avec la générosité qui les caractérise, les photos des magnifiques ouvrages peints sur laque, dont ils sont amateurs ; Édouard de Lumley, connaisseur avisé de la culture ukrainienne, n'a pas non plus ménagé sa peine pour me faciliter l'accès aux traditions populaires de ce pays ; Iléana Gaïta, collègue et amie, a traduit avec talent et finesse les deux chants populaires roumains reproduits ici ; Yves Benoît, Mesdames et Messieurs Prochalski, Thomsen, Stoll et Niola, ont pris de leur temps pour me fournir des documents originaux ou améliorer les traductions des textes présentés.

Bernard Dupaigne, Nancy Wise, Lionel Gauthier et Liliane Marçol m'ont entourée avec beaucoup de sympathie, tandis que Gaia Ficher, ma jeune collaboratrice de choix, a facilité mes dernières recherches. Enfin, Tatiana Benfougal, égale à elle même, m'a prodigué son expérience slave.

Qu'ils soient tous vivement remerciés, qu'ils aient accès, comme l'ensemble des hommes et des femmes de cette terre, au bonheur de la Nativité, renaissance symbolique annuelle, aux joies de fin d'année, à la Paix universelle…

Yvonne de Sike
Paris, 2001

COORDINATION ÉDITORIALE : HÉLÈNE DE BETTIGNIES
AVEC LA COLLABORATION D'ÉLODIE FONDACCI
CONCEPTION GRAPHIQUE ET MAQUETTE : SYLVIE MILLIET
PHOTOGRAVURE : ARTS GRAPHIQUES DU CENTRE, SAINT-AVERTIN
IMPRESSION ET RELIURE : POLLINA S.A., 85400 LUÇON - N° L84169
ISBN : 2 85025 785 0
DÉPÔT LÉGAL : OCTOBRE 2001